Für Hedwig

Schorkopf · Reden: frei – verständlich – wirksam

21. Oktober 1986

von Deinem Eberhard

Reden

frei–verständlich–wirksam

Rhetorik –
Theorie und Praxis
der freien Rede

von Horst Schorkopf

4., durchgesehene Auflage

Rudolf Haufe Verlag Freiburg i. Breisgau

CIP-Kurztitelaufnahme der Deutschen Bibliothek

Schorkopf, Horst:
Reden: frei – verständlich – wirksam:
Rhetorik – Theorie u. Praxis d. freien Rede /
von Horst Schorkopf. – 4., durchges. Aufl. –
Freiburg i. Breisgau: Haufe, 1986.
ISBN 3-448-01649-7

ISBN 3–448–01649–7 Best.-Nr. 00.14

1., Auflage Februar 1984 (ISBN 3–448–01388–9)
2., durchgesehene Auflage Mai 1984 (ISBN 3–448–01462–1)
3., durchgesehene Auflage 1985 (ISBN 3–448–01513–X)
4., durchgesehene Auflage 1986

Umschlag-Entwurf: Strehlau & Hofe, Freiburg i. Br.

Druck: Haufe Verlag, Freiburg

Bevor Sie anfangen,
in diesem Buch zu blättern,
lesen Sie bitte unbedingt . . .

. . . wozu dieses Buch Sie "kriegen" will – wie es aufgebaut ist – und wie Sie mit ihm arbeiten können.

Bastian, einer der Helden in Michael *Endes* Buch "Die unendliche Geschichte", haßte es, ". . . wenn er merkte, daß man ihn zu was kriegen wollte." Und in einer bestimmten Art von Büchern "sollte man immer, mehr oder weniger deutlich, zu was gekriegt werden." (1)

"Und wozu", werden Sie sich vielleicht jetzt fragen, "will mich dieses Buch "kriegen", das ich mir gekauft habe oder das man mir geschenkt hat?" Nun, es will Sie weder zum Redenschwinger noch zum Rednerpultlöwen machen. Es will Sie weder umkrempeln noch Sie auf den Weg zum Schönredner oder Phrasendrescher bringen. Dieses Buch vermittelt Ihnen Informationen und zeigt Ihnen Möglichkeiten, wie Sie – wenn Sie wollen – durch Eigentraining Ihre rednerischen Anlagen entwickeln; wie Sie dem Ziel, *frei, verständlich* und *wirksam* vor und zu Menschen zu *reden,* näher kommen und es erreichen können. Nach den Regeln der antiken Redekunst sollten die Redner die Zuhörer 'docere, delectare, movere' – lehren, erfreuen, bewegen. Ins "Neudeutsche" übersetzt: informieren, unterhalten und motivieren. Dieses Buch will Sie vor allem dazu bewegen, daß Sie durch das Üben mit ihm in der Praxis weitere Schritte gehen. Deshalb habe ich dieses Buch nicht nur als Lese-, sondern auch als Arbeitsbuch geschrieben. Es will Ihnen Mut machen, sich vom wörtlich formulierten Manuskript zu befreien. Denn wer sich nicht von den Vorlesemanuskripten löst, findet nicht zur freien Rede!

Wie sind die meisten Kapitel der Teile I bis III aufgebaut? Zunächst finden Sie, oft in thesenhafter Kürze, Informationen, Beispiele und Ratschläge, die für die Alltagspraxis des Redens nützlich sind. Thesen ersparen Ihnen einen großen Zeitaufwand. Sie lassen sich leichter merken. Andererseits führen Thesen zu Verkürzungen, Übersteigerungen und manchmal zu provozierenden Härten. Diese inhaltliche Verdichtung ist gewollt, weil sie mehr zum Mit- und Weiterdenken auffordert. Weitschweifige, rundherum abgesicherte Ausführungen ermüden häufig und lähmen die Eigenaktivität.

Auf besonders dafür vorgesehenen Seiten können Sie
- kritische Bemerkungen zu einigen Informationen aufschreiben. Damit machen Sie sich Widerstände gegenüber neuen, ungewohnten oder vielleicht unbequemen Informationen bewußt und haben dadurch die Chance, Blockaden teilweise oder ganz abzubauen.
- Informationen, die Sie vermissen, eintragen. Dadurch werden Sie zu eigenem, schöpferischem Arbeiten angeregt.

Ich habe mich bemüht, nur solche Fachbegriffe und Fremdwörter zu benutzen, die aus meiner Sicht unumgänglich waren. Sie werden entweder im laufenden Text oder im "Begriff-, Namen- und Sachregister" (siehe Anhang) erklärt. Mit den in Klammern gesetzten Zahlen – zum Beispiel (2) – wird auf die Literatur verwiesen, aus der ich zitiert habe. Sie finden sie im "Quellenverzeichnis". Die Idee und die Regie für die Abbildungen 1 bis 33 stammen von mir. Fotografiert hat Michael Schmidt, Sindelfingen. Mit den "Übungen" im Teil IV sollen Sie Ihre rednerischen Fähigkeiten weiter ausbilden. Üben – das macht noch immer den Meister, und der ist noch nie vom Himmel gefallen.

Wenn Sie zu bestimmten Fragen, die das freie Reden im weiteren Sinn berühren, umfangreichere und speziellere Informationen wünschen: Schauen Sie in den "Literaturhinweisen" nach. Sie stehen am Schluß der meisten Kapitel. Diese Hinweise sind zwangsläufig unvollständig. Warum? Weil die Literatur fast schon unübersehbar geworden ist. Außerdem ist es sehr schwierig, bei Literaturhinweisen den angemessenen Schwierigkeitsgrad einzuhalten. Was angemessen ist, läßt sich nur individuell bestimmen – und Sie, den Leser, "Durcharbeiter" und Übenden, kenne ich – leider – persönlich nicht. Auch aus einem anderen Grund beschränken sich die Literaturhinweise auf eine kleine Auswahl: Ich will verhindern, daß Sie sich durch eine Vielzahl von Titeln "erschlagen" fühlen. Wahrscheinliche Folgen: Sie werden mutlos, üben und experimentieren in der Praxis nicht, weil Sie meinen, daß man *das* alles erst gelesen und gelernt haben müsse, um frei, verständlich und wirksam reden zu können. Ich will jedoch mit Ihnen nicht weg vom, sondern hin zum Ziel: dem freien, verständlichen und wirksamen Reden.

"Frei, offen muß man sein, um zu lernen, dann bleibt das, was zu einem paßt, schon von selbst hängen und formt das Eigene, Persönliche, das andere vergißt sich von selbst." (2)

Horst Schorkopf
7031 Jettingen, Oktober 1983

Zur vierten Auflage

Die erste Auflage dieses Buches erschien im Februar 1984. Rasch folgte dann der zweite und dritte Druck. Ich danke den Lesern für diesen Erfolg. Wegen der anhaltenden Nachfrage bringt der Rudolf Haufe Verlag die vierte Auflage heraus. Sie beweist, daß sich auch weiterhin viele Menschen für das freie Reden besonders interessieren.

Horst Schorkopf
7031 Jettingen, März 1986

Inhalt

Seite

. . . wozu dieses Buch Sie "kriegen" will
– wie es aufgebaut ist
– und wie Sie mit ihm arbeiten können 6

TEIL I
RHETORIK UND KOMMUNIKATION

1. Rhetorik – Ein Blick zurück 13
2. Die Rede im Rahmen der Kommunikation 16
3. Das Sprechdenken 20
4. Die freie Rede 23

TEIL II
DIE ANGST VORM FREIEN REDEN

5. Frühere Erfahrungen und derzeitiges Verhalten – Soziales Lernen und soziale Angst 26
6. Annäherungs- oder Vermeidungsverhalten 33

TEIL III
ZUR VERSTÄNDLICHKEIT UND WIRKSAMKEIT DER FREIEN REDE

7. Die Beziehungen zwischen Redner und Hörern . . 41
8. Die Verständlichkeit und Wirksamkeit der Sprache des Redners 44
8.1 Die Sprachcodes der Redner und Hörer 44
8.2 Die unterschiedliche Wortbedeutung 54
8.3 Die Hörer und deren selektives, projizierendes, interpretierendes Verstehen 55
8.4 Die kognitive Dissonanz 56

9. Die sprechtechnischen Wirkungsmittel des Redners 62
9.1 Sprechausdrucksmittel 62
9.2 Dialekt – Hochsprache 66

Seite
10. Die sprachlichen Wirkungsmittel des Redners . . . 70
10.1 Der Wortschatz 70
10.2 Die Hauptwörterei 73
10.3 Das Tätigkeitswort 74
10.4 Das Eigenschaftswort 80
10.5 Fachausdrücke 80
10.6 Fremdwörter 81
10.7 Die Redefiguren (rhetorische Figuren) 83
10.8 Der Satzbau 88
10.9 Redundanz – Wortschwall oder Telegrammstil? . 92
10.10 Die Definition 93
10.11 Die Beweisführung (Argumentation) 97
10.12 Motiv – Motivation – Das Ansprechen der Motive 104

11. Die nichtsprachlichen Wirkungsmittel des Redners (Körpersprache) 120
11.1 Körperhaltung und Blickkontakt 122
11.2 Die Distanzzonen 141
11.3 Die Gesten 145

12. Die Unterstützung der freien Rede durch optische Hilfsmittel 147
12.1 Wandtafel 148
12.2 Flip-Chart 150
12.3 Tageslichtprojektor 151
12.4 Episkop und Epidiaskop 154
12.5 Diaprojektor 154

13. Die Redearten 157
13.1 Die Systematik der Redearten 157
13.2 Die Überzeugungsrede 158
13.3 Die Informationsrede 158
13.4 Die Gelegenheitsrede 159
13.5 (Die Stegreifrede) 162

14. Die Vorbereitung der freien Rede 164

Seite
14.1 Die Vorbereitungsphasen 164
14.2 Überlegungen zum Thema, Redeziel, zur Hörerschaft und Redezeit 165
14.3 Sammeln des Redestoffes 169
14.4 Auswählen und Sichern des Redestoffes 170
14.5 Aufbau und Gliederung der Rede 170
14.6 Schreiben des Stichwortmanuskripts 187
14.7 Checkliste zur Vorbereitung der freien Rede . . . 197

15. Sich versprechen und das Steckenbleiben 199
15.1 Die Versprecher 199
15.2 Das Steckenbleiben 200

16. Zwischenrufe und Fragen während der freien Rede 201

17. Rede, äußerer Rahmen und organisatorische Tips 205
17.1 Reden in Räumen 205
17.2 Reden im Freien 212

TEIL IV
ÜBUNGEN ZUM SPRECHDENKEN UND ZUR FREIEN REDE 214

ANHANG:
Quellenverzeichnis 227
Begriff-, Namen- und Sachregister 231

TEIL I: RHETORIK UND KOMMUNIKATION

1. Rhetorik – Ein Blick zurück

Bevor Sie weiterlesen: Schreiben Sie bitte auf, was Sie unter "Rhetorik" verstehen:

Der Begriff "Rhetorik" [lateinisch: rhetorica; griechisch: rhetorike (techne)] stammt aus der Antike, der Zeit des klassischen, griechisch-römischen Altertums. Er bedeutet Redekunst; die "Kunst, gut zu reden" (ars bene dicendi).
"Kunst" war die Verbindung von natürlicher Fähigkeit und technischer Fertigkeit (techne). Durch das Begreifen der Regeln, das Nachahmen von Vorbildern und das Üben sollten die Lernenden zur Kunstfertigkeit gelangen.

Der Redner im antiken Griechenland hieß "Rhetor". Der erste eigentliche Rhetor war der Sizilianer *Gorgias*, der 427 v. Chr. nach Athen kam. Als Vorbilder galten, neben anderen Rednern, *Demosthenes* und *Aristoteles.* Mit dem Verfall der Demokratie in Griechenland verlor die Rhetorik weitgehend ihre politische Bedeutung. Seit Beginn des 2. Jahrhunderts v. Chr. fand die griechische Rhetorik Eingang ins antike Rom. Die römische Rhetorik erreichte ihren Höhepunkt mit *Cicero.* Mit dem Kaisertum verlor die Rhetorik ihre Aufgabe als Waffe in der politischen Auseinandersetzung, hatte aber, wie auch in Griechenland, für die Schulbildung und Literatur weiterhin eine zentrale Bedeutung.

Der letzte große Redner und Redetheoretiker war *Quintilian,* der seit 68 n. Chr. in Rom lebte. Er schrieb zwölf Rhetorik-Lehrbücher, die der Nachwelt erhalten geblieben sind. Für *Quintilian* war die formalrhetorische Ausbildung nur die Grundlage einer ganzheitlichen, sittlich begründeten Erziehung des Menschen.

In der klassischen Rhetorik bedeutete das *Reden* mehr *Überreden.* Gegenstand der Überredung war meistens ein strittiger Sachverhalt. Deshalb diente die Rhetorik weniger der Information, sondern mehr der Beeinflussung der Menschen, mit dem Ziel, bei ihnen bestimmte Handlungen und Verhaltensweisen auszulösen. In diesem Sinn traten die Redner in der Antike als Propagandisten und Agitatoren auf. Sie waren Demagogen (griech.), Volksführer.
Daß es damals, wie auch im weiteren Verlauf der Geschichte, unter den Führern des Volkes auch Volks*ver*führer gegeben hat, daß es sie heute gibt und daß es sie geben wird, steht auf einem anderen Blatt.

Die Rhetorik hat von der Antike über das Mittelalter bis zu unserer jüngeren Vergangenheit viele Wandlungen erlebt. Seit 1945 wuchs das Interesse, sich wieder und verstärkt mit Rhetorik unter anderen Gesichtspunkten zu beschäftigen. Stichwortartig seien dafür einige Gründe genannt: eine neue Gesellschafts- und Wirtschaftsordnung mit dem Recht der freien Meinungsäußerung; Versammlungsfreiheit, Entwicklung des Presse- und Rundfunkwesens, Einführung des Fernsehens, Werbung, Wirtschaftswachstum und damit verbunden starker Ausbau der betrieblichen Aus- und Weiterbildung; Änderungen im schulischen Bereich; Propaganda totalitärer Systeme. Die Wissenschaft begann – ihr war der klassisch-rhetorische Leitbegriff *Überredung* zu eng – Rhetorik im Rahmen der Kommunikation zu sehen und zu untersuchen.

1963 taucht der Begriff der “rhetorischen Kommunikation” (3) auf. Rhetorik wird definiert als “die Kunst der freien, d.h. nicht wörtlich an eine Vorlage gebundene Rede”. (4) “Rhetorische Kommunikation ist der Prozeß des situativ gesteuerten, mentale oder reale Handlungen auslösenden Sprechens.” (5) “Rhetorische Kommunikation zielt nicht nur auf sofortige Veränderung der realen Situation mittels Persuasion, sondern auch auf langfristige oder mittelbare Wirkung durch Meinungswandel und Einstellungsänderung mittels Information. Insofern lassen sich als Handlungsziele unterscheiden: ‘Mitdenken’ = mentales Probehandeln (vorwiegend informative Prozesse) und ‘Mithandeln’ (vorwiegend persuasive Prozesse). ‘Mitdenken’ wurde ausdrücklich – unter Berufung auf Freud – als mentales Probehandeln bezeichnet. Unter dem Terminus ‘Probehandeln’ hat Freud kognitive und emotionale Prozesse gleichermaßen auf den Nenner des Handelns gestellt (Lorenzer). Ein Hörer, der ‘probehandelt’, kann mit dem, was er verstanden hat, einverstanden sein oder nicht; er behält die Freiheit ‘Nein’ zu sagen. Ein Hörer, der ‘mithandelt’, vollzieht einen weiteren Schritt; denn er setzt das, womit er einverstanden ist, um in die Tat. Dies kann aus Überzeugung geschehen oder ohne Überzeugung, aber aus Einsicht in die praktische Notwendigkeit.” (6)

Eines hat die Rhetorik – trotz einer differenzierteren wissenschaftlichen Betrachtung – bis heute nicht ganz verloren: den Geruch des Teuflischen, des Demagogischen (im abwertenden Sinn), der Manipulation; der Waffe, mit der die anderen belogen und betrogen werden. Deshalb stehen heute viele an Rhetorik interessierte Menschen ihr immer noch etwas skeptisch und zwiespältig gegenüber. Daran ist jedoch nicht die Rhetorik schuld! Ich nehme ein Messer und schneide von einem Brot eine Scheibe ab. Dieses Stück Brot gebe ich einem Hungernden. Mit demselben Messer, mit dem ich gerade Brot schnitt, bringe ich einen anderen Menschen um. Daß das Hantieren mit diesem Messer zu solch unterschiedlichen Ergebnissen führt, daran ist doch nicht das Messer schuld! Es ist die “Hand”, die das Messer führt!

Rhetorik, was man heute auch immer unter diesem Begriff verstehen mag, ist weder gut noch böse. Wie Sie mit ihr umgehen, das haben Sie zu verantworten. Vor dieser Verantwortung, sich selbst und anderen gegenüber, dürfen Sie sich nicht davonstehlen.

2. Die Rede im Rahmen der Kommunikation

Der Begriff "Kommunikation" ist aus dem Lateinischen abgeleitet worden. Communicare = gemeinschaftlich tun, mitteilen, miteinander sprechen, sich verständigen; Communicatio = Mitteilung, Unterredung, Verständigung.
Kommunikation ist eine allgemeine Bezeichnung für Prozesse des Austausches von Nachrichten durch Zeichen aller Art zwischen Lebewesen, zwischen Lebewesen und technischen Einrichtungen oder zwischen technischen Einrichtungen mit Hilfe von Mitteln zum Zwecke der Verständigung.
Der Austausch von Nachrichten zwischen Menschen und Tieren, zwischen Tieren, zwischen technischen Einrichtungen (zum Beispiel zwischen Computern) und zwischen technischen Einrichtungen und Menschen (zum Beispiel Computer-Mensch) wird hier nicht behandelt. Ich beschäftige mich mit direkter menschlicher Kommunikation. Darunter verstehe ich den Austausch von Nachrichten zwischen Menschen – von Angesicht zu Angesicht – durch Sprache zum Zwecke der Information und der Beeinflussung.
Zum Kommunikationsprozeß zwischen Menschen gehören drei wesentliche Elemente:
- ein Sender,
- eine Nachricht und
- ein Empfänger.

Weitere Voraussetzungen müssen erfüllt sein, damit Kommunikation zustande kommt:
- Der Sender muß die zu vermittelnden Gedanken und Absichten in Zeichen umwandeln (zum Beispiel in Wörter, auch in Gesten), anders ausgedrückt: der Sender muß "verschlüsseln" (codieren).

- Die Zeichen müssen in physikalische Signale umgewandelt und durch ein Mittel, über einen Kanal zum Empfänger transportiert werden. Das geschieht zwischen Menschen dadurch, daß die Wörter mittels unserer Sprachwerkzeuge in Laute geformt und gleichzeitig ausgesprochen werden (Sprechakt) und/oder die Absicht und der Gedanke mittels einer bestimmten Körperhaltung, Mimik, Geste gezeigt werden (zum Beispiel: "Jemandem einen Vogel zeigen").
- Der Empfänger muß die empfangenen Zeichen deuten, er muß die ihm vermittelte Bedeutung erschließen. Man sagt auch, der Empfänger müsse "entschlüsseln" (decodieren). Verschlüsselt der Sender Gezeigtes, Geschriebenes und Gesprochenes auf einer Ebene, die der Empfänger trotz besten Bemühens nicht erreichen kann, weil er nicht den passenden Schlüssel hat, dann ist Mißverstehen die Regel. "Einander nicht verstehen bedeutet, daß die Worte, die Gesten, die Einstellungen und Reaktionen von einem anderen nicht mit der gleichen Bedeutung aufgenommen werden, mit der sie ihr Urheber versehen hat; . . ." (7)

Der Mensch verständigt sich überwiegend durch Hören und Sprechen mit anderen Menschen. Sprechen ist Handeln mit Sprache, ist eine Sprachhandlung. Sprechen ist die häufigste Sprachhandlung des Menschen. "Das Sprechen, die Rede, ist die Tätigkeit des Verkehrs, des Ausdrucks der Einwirkung, des Mitteilens mit Hilfe der Sprache; es ist die Sprache in der Handlung. Das Sprechen ist mit der Sprache gleich und doch verschieden von ihr, es ist die Einheit einer bestimmten Tätigkeit, des Miteinander-Verkehrens, und eines bestimmten Inhalts, der das Sein *bezeichnet* und, indem er es bezeichnet, widerspiegelt. Genauer ausgedrückt, das Sprechen ist die Existenzform des *Bewußtseins* (der Gedanken, Gefühle, Erlebnisse) *für den anderen,* die als Mittel des *Verkehrs* mit ihm dient, es ist die Form der verallgemeinerten Widerspiegelung der Wirklichkeit oder die Existenzform des Denkens." (8)

Die Sprachhandlung muß mindestens zwischen zwei Menschen stattfinden. Wenn zwei miteinander sprechen, ist das ein *Dialog* (griech.: Zwiegespräch), ein Gespräch. Im Gespräch findet durch wechselseitigen Informationsaustausch zwischen Sender und Empfänger, in Form von Fragen und Antworten und durch mimische oder gestische Signale, eine ständige Rückkopplung (feed back) statt, die gute Chancen für das Erreichen des Kommunikationsziels bietet. Mit dem Dialog befasse ich mich in diesem Buch nur ausnahmsweise.

Im Gegensatz zum Dialog ist die *Rede* ein *Monolog* (griech.: Alleinrede). Ein Mensch spricht, und die anderen hören zu. Die Empfänger äußern sich – Zwischenrufe ausgeschlossen – nicht mündlich. Der Sender erhält von den Empfängern Rückkopplung – Verstehens-, Zustimmungs- oder Ablehnungssignale – nur in Form körpersprachlichen Ausdrucksverhaltens (Mimik, Gestik, Körperhaltung). Deshalb bezeichne ich Rede auch als ein Gespräch ohne mündliche Antwort. Weil die Rückkopplung eingeschränkt ist, sind die Voraussetzungen für das Erreichen des Kommunikationsziels gemindert. Daraus ergeben sich Konsequenzen für das Verhalten des Senders, für die Verständlichkeit und Wirksamkeit seiner Sprache.

Den Menschen, ob Frau oder Mann, der vor und zu mehreren Menschen redet, nenne ich nicht Sender, Sprecher, Vortragender, Referent oder Dozent, sondern *Redner*. Die ihm zuhören, nenne ich nicht Empfänger oder Adressaten, sondern *Hörer*. Das zu den Hörern insgesamt Gesprochene ist die *Rede*.

Geredet wird in konkreten Situationen. Die Wirksamkeit einer Rede ist abhängig von den Bedingungen der jeweiligen Situation. Die Gesamtheit der Bedingungen, die zu sprachlichen Äußerungen des Redners und dem Verstehen des Gesprochenen durch die Hörer führt, nenne ich *Redesituation*. Dieses Buch will Ihnen auch Einsichten vermitteln und Hilfen geben, diese Bedingungen besser einzuschätzen. Es handelt sich, zunächst nur grob beschrieben, um folgende:

Der Redner
Das sind Sie. Wenn Sie reden, reden Sie im Rahmen Ihrer eigenen Befindlichkeit, das heißt im Rahmen des Zusammenwirkens Ihres körperlichen und seelischen Zustandes.

Der Gegenstand der Rede
Wenn Sie reden, reden Sie über etwas: über die Hörer, über sich, über Ihre Beziehung zu den Hörern und/oder über Sachverhalte. Welche Inhalte Sie auswählen, in welcher Folge geordnet und in welcher sprachlichen Form Sie sie bringen, das muß den Hörern und dem Redeziel angemessen sein.
"Jede konkrete Rede richtet sich auf einen Gegenstand. Sie wendet sich zugleich an jemand, an einen wirklichen oder möglichen Gesprächspartner oder Hörer. Jede Rede drückt etwas aus, eine bestimmte Beziehung des Redenden zu dem, wovon er spricht, und zu dem, an den er sich real oder in Gedanken wendet. Der inhaltliche Kern der Rede ist das, was sie bezeichnet. Die lebendige Rede drückt meist jedoch unermeßlich viel mehr aus, als sie eigentlich bezeichnet. Dank der in ihr enthaltenen Ausdrucksmomente ist sie durchweg weit mehr als ein abstraktes System von Bedeutungen. Dabei wird der echte, konkrete Sinn der Rede in erheblichem Maße durch diese Ausdrucksmomente (intonierende, stilistische usw.) verständlich gemacht. Das echte Verständnis der Rede wird nicht nur durch das Wissen um die wörtliche Bedeutung der in ihr gebrauchten Wörter erzielt; wesentlich ist dabei die Deutung, die Interpretation jener Ausdrucksmomente, die den verborgenen, inneren, vom Sprechenden hineingelegten Sinn enthüllen." (9)

Die Hörer und das Ziel der Rede
Wenn Sie reden, reden Sie zu mehreren Menschen. Sie müssen deren Wissensstand, deren Interessen, Einstellungen und Motive, vor allem aber Ihre Beziehung zu diesen Menschen richtig einschätzen. Wenn Sie reden, reden Sie aus einem bestimmten Anlaß und mit einer bestimmten Absicht. Sie wollen die Hörer informieren, unterhalten; Sie wollen die Hörer dazu bewegen, etwas zu tun, etwas zu unterlassen, etwas

Bestimmtes zu denken, etwas zu empfinden. "Es basiert nämlich die Rede auf dreierlei: dem Redner, dem Gegenstand, über den er redet, sowie jemandem, zu dem er redet, und seine Absicht zielt auf diesen – ich meine den Zuhörer." (10)

Raum und Zeit

Wenn Sie reden, reden Sie raum- und zeitgebunden. Diesen Rahmen von Raum und Zeit müssen Sie, auch von den Hörern aus gesehen, bedenken. Es ist ein Unterschied, ob Sie in kleinen, großen Räumen oder im Freien reden. Wie sind *die Zeiten?* Wie ist die wirtschaftliche, politische Lage? Reden Sie vormittags, nach dem Mittagessen oder abends? Überschneidet sich Ihr Redezeitpunkt mit dem Termin einer anderen Veranstaltung? Es hat schon manchen Redner irritiert, daß die Hörer immer unruhiger auf den Stühlen hin und her rutschten, weil – was er nicht wußte oder übergangen hatte – die Fernsehübertragung eines Spiels der deutschen Fußball-Nationalmannschaft lief.

3. Das Sprechdenken

"Mir kommen die besten Gedanken beim Sprechen." "Ein Wort gab das andere." "Ich habe nach den passenden Wörtern für meine Gedanken gesucht." "Mit diesen Worten habe ich nicht das ausgedrückt, was ich eigentlich meinte!" Wem ist das nicht schon öfter passiert? Die Auswahl von Aussagen verdeutlicht, daß durch das Sprechen das Denken angeregt und durch das Denken das Sprechen vorangetrieben wird und wie wichtig es ist, Sprechen und Denken in Einklang zu bringen. "Die Fähigkeit situativ gesteuerten, hörerbezogenen Entwickelns von Denken im Sprechen und durch das Sprechen ist das Sprechdenken." (11)

Schauen wir uns den Vorgang des Sprechdenkens etwas genauer an. "Ein Gedanke entsteht in der Regel in Gestalt von Tendenzen, die zunächst nur einige angedeutete Stützpunkte haben, welche aber noch nicht völlig ausgebildet sind. Von diesem Gedanken, der eher noch eine Tendenz oder ein Prozeß ist als ein endgültig geformtes Gebilde, vollzieht sich in komplizierter, oft mühevoller Weise der Übergang zu dem Gedanken, der sprachlich formuliert ist. In dieser sprachlichen Formung des Denkens vollzieht sich die Arbeit an der sprachlichen Form des Gedankens, so daß beide ineinander übergehen." (12)

Was Mühe bereitet, ist die sprechsprachliche Ausformulierung der Gedanken. Heinrich von *Kleist* (1777–1811) hat in seinem Aufsatz "Über die allmähliche Verfertigung der Gedanken beim Reden" etwas geschrieben, das dem Redner helfen kann: "Wenn du etwas wissen willst und es durch Meditation nicht finden kannst, so rate ich dir, mein lieber, sinnreicher Freund, mit dem nächsten Bekannten, der dir aufstößt, darüber zu sprechen. Es braucht nicht eben ein scharfdenkender Kopf zu sein, auch meine ich es nicht so, als ob du ihn darum befragen solltest: nein! Vielmehr sollst du es ihm selber allererst erzählen. Ich sehe dich zwar große Augen machen, und mir antworten, man habe dir in frühern Jahren den Rat gegeben, von nichts zu sprechen, als nur von Dingen, die du bereits verstehst. Damals aber sprachst du wahrscheinlich mit dem Vorwitz, *andere,* ich will, daß du aus der verständigen Absicht sprechest, *dich* zu belehren, und so könnten, für verschiedene Fälle verschieden, beide Klugheitsregeln vielleicht gut neben einander bestehen. Der Franzose sagt, l'appétit vient en mangeant (der Appetit kommt beim Essen, d. Verf.), und dieser Erfahrungssatz bleibt wahr, wenn man ihn parodiert, und sagt, l'idée vient en parlant [die Idee (der Gedanke, Einfall) kommt beim Sprechen, d. Verf.]. Oft sitze ich an meinem Geschäftstisch über den Akten, und erforsche, in einer verwickelten Streitsache, den Gesichtspunkt, aus welchem sie wohl zu beurteilen sein möchte . . . Und siehe da, wenn ich mit meiner Schwester davon rede, welche hinter mir sitzt und arbeitet, so erfahre ich, was ich durch ein vielleicht stundenlanges Brüten nicht herausgebracht haben würde. Nicht, als ob sie es mir, im eigentlichen Sinne *sagte;* denn sie kennt weder das Gesetzbuch, noch . . . Auch nicht, als ob sie mich durch geschickte Fragen auf den Punkt hinführte, auf welchen es ankommt . . . Aber weil ich doch irgend eine dunkle Vorstellung habe, die mit dem, was ich suche, von fern her in einiger Verbindung steht, so prägt, wenn ich nur dreist damit den Anfang mache, das Gemüt, während die Rede fortschreitet, in der Notwendigkeit, dem Anfang nun auch ein Ende zu finden, jene verworrene Vorstellung zur völligen Deutlichkeit aus, dergestalt, daß die Erkenntnis, zu meinem Erstaunen, mit der Periode fertig ist." (13)

Kleists Fall des Sich-einem-Partner-Mitteilens zeigt, wie durch das Sprechen unser Denken angeregt wird. Der Wunsch, einem Menschen etwas möglichst klar mitzuteilen, zwingt zur Ordnung in unserem Bewußtseinsinhalt und zur klaren Formulierung der Gedanken. Nachdem der erste Satz ausgesprochen wurde, muß der zweite folgen. Wie geschieht das? Wir lassen – während wir den letzten Satz sprechen – unsere Gedanken ein Stück vorauslaufen, um den Satz zu planen und zu erzeugen. Damit treibt das Denken nun das Sprechen voran.

Erich *Drach* (14) stellte fest, daß zwei gegensätzliche Fälle des Sprechdenkens zu unterscheiden seien:
1. Der Sprecher weiß noch nicht, was er sagen will. Er muß Inhalt und Form (fast gleichzeitig) aus der Situation heraus im Augenblick des Sprechens völlig neu erschaffen. Der Sprecher fängt bereits zu formulieren an, ". . . ehe er noch mit der Inhaltwahl völlig zu Ende gekommen ist; er beginnt zu reden, ehe er noch ganz übersieht, wie die Sache zu Ende gehen wird." Der Sprecher wählt eine "dominierende Vorstellung", er peilt zuerst den Sinnkern einer Aussage an, der dann während des Sprechens nach bestehenden Satzbaumustern ausformuliert wird. Der Sprecher "rückt phasenweise vor", er spricht "phasenweise". Beispiele dafür: die Alltagsplauderei, das Unterhaltungsgespräch, der erregte Wortwechsel, die Stegreifrede.
2. Der Sprecher weiß, was er sagen will. Ihm sind die Inhalte seiner Äußerung im großen und ganzen bewußt. Nur die inhaltliche Einzelgestaltung und grammatische Ausformulierung

geschieht im Augenblick des Redens vor den Hörern. Über den Hauptinhalt muß sich der Sprecher nicht erst klar werden. Er kann sich mehr auf die inhaltlichen Feinheiten konzentrieren. Weil der Hauptinhalt vorbearbeitet ist, geht das Ausformulieren flüssig. Der Sprecher "rückt . . . fortlaufend vor". *Drach* bezeichnet diesen Fall des Sprechdenkens als "fortlaufendes Sprechen". Beispiele: Bericht, Lehrvortrag, Überzeugungsrede.

Für Sie, als Redner, ist besonders das Üben des fortlaufenden Sprechens wichtig. Sie wollen ja lernen oder sich in der Fähigkeit vervollkommnen, *wie* Sie Ihre bereits vorhandenen Inhalte verständlich und wirksam ausdrücken können.

4. Die freie Rede

Es gibt Reden, die sind wörtlich ausgearbeitet, mit Punkt und Komma geschrieben. Und so werden sie auch vorgetragen; treffender gesagt: sie werden vom Blatt ab- und vorgelesen. ". . . Und rauschend öffnen sich die Spalten/Des Manuskripts, die viel enthalten." (15) Bei solchen Reden (besser: Ablesungen) bin ich versucht, diesen Ablesern folgenden Rat zu geben: Laßt die Texte drucken. Schickt sie den Menschen, die kommen wollten, um einen lebendigen, natürlichen Redner zu sehen und zu hören, nach Hause. Ihr erspart damit den in Mehrzahl Interessierten Wege und Zeit. Gewiß gibt es Reden, in denen es auf jedes einzelne Wort ankommt. Nur – Reden solcher Art sollten die Ausnahme bleiben. Übrigens: Der § 33 der Geschäftsordnung des *Deutschen Bundestages* lautet: "Die Rede – Die Redner sprechen grundsätzlich in freiem Vortrag. Sie können hierbei Aufzeichnungen benutzen." (16) Das Wort *grundsätzlich* bedeutet doch: in der Regel mit bestimmten Ausnahmen. Ist in unserem Parlament die Ausnahme nicht schon zur Regel geworden? Sicher hat auch das überwiegend nicht freie Reden mit dazu beigetragen, daß die Plätze der Abgeordneten oft verwaist sind und die Bürger, die

Fernsehübertragungen aus dem Parlament verfolgen, immer häufiger aufs Aus-Knöpfchen drücken.

“Eine Rede ist keine Abhandlung, sie ist mit keinem andern Maßstab zu messen als dem rhetorischen . . . Von der Poesie unterscheidet sich die Beredsamkeit dadurch, daß jene nur darstellen, diese aber wirken, unmittelbar wirken will; eine Rede ist ein für allemal keine Schreibe.” (17) Rede soll nicht auf Leser, sondern auf Hörer wirken! Wer schreibt, hat meistens mehr Zeit, seine Gedanken auszuformulieren. Die Leser können in ihnen passenden Stunden, in selbst bestimmtem Tempo Informationen aufnehmen und verarbeiten. Die Leser können nachschlagen und wiederholt lesen, wenn sie etwas nicht verstanden haben. Beim Ablesen – Wort für Wort – vom Manuskript (meistens monotones Herunterleiern) oder beim Aufsagen einer auswendig gelernten Rede (Schein-freie-Rede) wird die sprachliche Formung der Gedanken nicht im Moment des Redens vollzogen. Das geschieht einzig und allein beim *freien Reden,* mit Hilfe aufgeschriebener und gegliederter Stichworte. Je nach Umfang und Schwierigkeitsgrad des Themas werden der freien Rede weniger oder mehr Stichworte zugrunde liegen. Was ist freie Rede? Was ist Rhetorik? Meine Antworten:
Die freie Rede ist eine vom Redner mit kommunikativer Absicht an Hörer gerichtete Sprachhandlung, die er in der Redesituation nach vorbereiteten Stichworten sprechdenkend vollzieht. Rhetorik ist die Theorie und Praxis der freien Rede.
Sie ist der Gegenstand der folgenden Kapitel.

Ihre Bemerkungen zum TEIL I:

Literaturhinweise:

Mucchielli, Roger: Kommunikation und Kommunikationsnetze. Salzburg 1974
Haseloff, Otto Walter: Kommunikationstheoretische Probleme der Werbung. In: Handbuch der Werbung. (Hrsg.) *Behrens,* Karl Christian, 2. Aufl. Wiesbaden 1975
Watzlawick, Paul/*Beavin,* Janet H./*Jackson,* Don D.: Menschliche Kommunikation. 4. Aufl. Bern 1974

TEIL II: DIE ANGST VORM FREIEN REDEN

5. Frühere Erfahrungen und derzeitiges Verhalten – Soziales Lernen und soziale Angst

Woran liegt es, daß viele Menschen bei verschiedenen Anlässen (Geburtstage, Hochzeiten, Jubiläen, in der Schule, während der Betriebs- oder Parteiversammlung, in der Sitzung und in . . .) zwar *frei* reden wollen, sich dann aber vor der freien Rede drücken oder zum wörtlich formulierten Manuskript greifen und eine Vorlesung halten?

Wahrscheinlich

- haben wir weniger Angst *während* des freien Redens, sondern mehr Angst *vor* dieser Redesituation;
- ängstigen wir uns, weil uns schon mal etwas passiert ist (Kloß im Hals, Stimme zitterte, weiche Knie . . .) oder wir bei anderen Rednern Pannen erlebt haben;
- stecken wir uns nicht erreichbare Ziele ("Ich muß rhetorisch perfekt sein!" "Ich darf mich nie versprechen oder gar steckenbleiben." "Man darf nicht hören, daß ich Pfälzer bin." "Ich muß immer die richtigen Worte finden." "Ich . . ."), denken diese Utopien in die Hörer, weil wir sicher sind, sie, die Hörer erwarten das Unmögliche von uns. Und weil die Hörer das erwarten, muß ich . . . Schon ist der Teufelskreis geschlossen (Ich darf keine Sprechpausen einlegen, denn die werten die Hörer als: Der weiß nicht weiter.);
- stammt die Angst daher, daß wir – besonders in Deutschland – unter freier Rede etwas Falsches verstehen, nämlich: eine wortwörtlich ausgearbeitete Rede aus dem Gedächtnis zu halten (ohne Vorlage *druckreif* sprechen zu wollen); hinter einem hohen, mit Mikrofonen bestückten Pult, eingerahmt von zwei Lorbeerbäumen. Vor Beginn der Rede spielt noch ein Streichquartett. Und das alles vor mindestens 100 Hörern, sonst ist das ja keine richtige Rede!

Sicher wird unsere Grundangst vor der freien Rede noch aus vielen anderen kleinen Angstquellen gespeist, die uns nicht bewußt sind. Wir müssen sie uns aber bewußt machen, um eine Chance zu bekommen, die Freie-Rede-Angst zu überwinden. Dazu sollen dann auch die Übungen mit den Tabellen beitragen, die Sie auf den folgenden Seiten finden.

Es führt uns nicht weiter, wenn wir jetzt philosophieren, warum der Mensch überhaupt Angst hat und nicht ein angstfreies Lebewesen ist. Angst (verwandt mit dem lat. angustus = eng) erleben wir als einen Gefühlszustand. Angst engt ein, macht unfrei, macht letztlich körperlich und seelisch krank. Vielen Menschen ist nicht bewußt, wie sehr die Angst ihr Leben bestimmt. Einige kennen ihre Ängste. Viele ahnen, spüren, daß da etwas ist, "benamsen" ihre Angst jedoch nicht und gestehen sie sich nicht ein. Sich selbst nicht und anderen so gut wie gar nicht. Ängste sich oder anderen einzugestehen hat Folgen: "Mich selbst nicht mehr anschauen zu können", vor den anderen "das Gesicht zu verlieren" und "als Angsthase dazustehen"; die Angst bekämpfen und mich dadurch in meinem Verhalten ändern zu müssen, wodurch sich wiederum die Beziehungen zu anderen Menschen ändern.

Ich frage zu Beginn meiner Rhetorikseminare die Teilnehmer, was sie vom Training erwarten, was sie sich wünschen, was sie trainieren und worüber sie diskutieren wollen. Die Teilnehmer sollen zunächst einige Stichworte aufschreiben und dann in freier Rede antworten. Für die Unerfahrenen wie für die "alten Hasen" eine nicht einfache Redesituation. Erschwert noch, wenn es sich um firmeninterne Seminare handelt, in denen sich die Teilnehmer kennen oder zu kennen glauben. Nur sehr wenige Teilnehmer sprechen anfangs von ihren Ängsten. Die meisten Teilnehmer antworten: "Ich will . . . (das und das) . . . lernen, erreichen, verbessern." Das ist verständlich und im Sinne einer positiven Selbstbeeinflussung zu begrüßen. Trotzdem sind die Ängste hör- und sichtbar.

Ob Sie mit der freien Rede schon Erfahrungen gemacht haben oder nicht: Es ist für Sie sehr wichtig, wenn Sie den ersten

Schritt oder weitere Schritte gehen wollen, Ihre Ängste vor der freien Rede schriftlich zu formulieren.

Schreiben Sie bitte auf, ohne lange nachzudenken, wovor Sie bei der freien Rede Angst haben.

1. Ich habe Angst (da)vor . . . / . . ., daß . . . / . . ., zu . . .

2. Sehen Sie sich bitte Ihre Formulierungen an. Wenn Sie meinen, Ihre Ängste mehr allgemein beschrieben zu haben, dann formulieren Sie sie jetzt noch einmal; so anschaulich und ausführlich wie möglich:

Sie haben auf Seite 28 Ihre Redeängste beschrieben. Auf den nächsten zwei Seiten sehen Sie ein Schema, in dem in seiner ersten Spalte die Redeängste aufgeführt sind, von denen Teilnehmer in meinen Rhetorikseminaren gesprochen haben. Meine Bitte an Sie: Arbeiten Sie diese Aufzählung durch, und kreuzen Sie in den daneben stehenden Spalten an, ob Sie diese Ängste "nicht", "nur selten", "oft" oder "ständig" haben. Um die Spalte "Ebenen sozialer Angst" mit den Buchstaben A bis E kümmern Sie sich nicht.

Ich habe Angst (da)vor . . ./. . . zu . . ., daß . . .	Diese Angst habe ich . . .				Ebenen sozialer Angst				
	nicht	nur selten	oft	ständig	A	B	C	D	E
– der freien Rede überhaupt. Kann das nicht näher erklären									
– mehreren Menschen, Gruppen, Versammlungen zu sprechen									
– mit einer Hörergruppe in Kontakt zu treten									
– zu Hörern zu sprechen, die ich alle kenne									
– zu Hörern zu sprechen, die ich nicht kenne									
– zu Menschen zu sprechen, von denen ich einige nicht kenne									
– zu Hörern zu sprechen, von denen mir einige nicht wohl gesonnen oder sogar feindlich gesonnen sind									
– die Erwartungen der Hörer nicht erfüllen zu können									
– wenn mich viele Menschen ansehen									
– in so viele Gesichter zu schauen									
– meine Gefühle zu äußern und zu zeigen									
– mich selbst mehr preiszugeben und dadurch mehr „verletzt" werden zu können									
– mir die Menschen nicht zuhören									
– die Menschen zu langweilen									
– die anderen meine Unerfahrenheit merken									
– die anderen meine Unsicherheit merken									
– den Anforderungen, die ich an mich stelle, nicht gerecht werden zu können									
– mich zu blamieren									
– ausgelacht zu werden									
– Zwischenrufen									
– mein Ansehen, Prestige, Image zu verlieren									
– vor Konsequenzen (z.B.: Nichtbeförderung, keine Gehaltserhöhung)									
– die Hörer meinen Dialekt nicht mögen									
– dem Thema überhaupt									
– das Thema nur unvollständig abhandeln zu können									
– die Redezeit nicht einzuhalten									
– ich den „Roten Faden" verliere									

Ich habe Angst (da)vor . . ./. . . zu . . ., daß . . .	Diese Angst habe ich . . .				Ebenen sozialer Angst				
	nicht	nur selten	oft	ständig	A	B	C	D	E
– ich mich verhasple									
– dem Steckenbleiben									
– nicht die richtigen Worte zu finden									
– mich häufig zu wiederholen									
– ich etwas sage, was ich gar nicht sagen wollte									
– mir die Stimme versagt									
– ich zu leise/laut rede									
– dem „Kloß im Hals“									
– dem Herzklopfen, mir „das Herz bis zum Halse schlägt“									
– in Schweiß auszubrechen									
– sich meine Muskeln verkrampfen									
– blaß/rot zu werden									
– einer Hörerschaft stehend/sitzend zu reden									
– mit Händen und Füßen zu reden									
– mich vor Hörern zu bewegen, ein paar Schritte auf sie zuzugehen									
– mit Demonstrationsmitteln zu arbeiten									
– ohne Rednerpult zu sprechen									
– über Mikrofon sprechen zu müssen									
– in kleinen Räumen zu reden									
– in großen Räumen zu reden									
– im Freien zu reden									
Prüfen Sie bitte, wie häufig Sie „nicht“, „nur selten“, „oft“ oder „ständig“ angekreuzt haben.									
Hinweis: Nach dieser Auswertung lesen Sie bitte die nächsten Seiten. Dort ist beschrieben, was die Spalte „Ebenen sozialer Angst“ bedeutet und wie Sie weiter vorgehen sollen.									
Auswertung „Ebenen sozialer Angst“:									

Unser derzeitiges Verhalten ist zu einem großen Teil gesteuert durch Erfahrungen, die wir vor allem in unserer Kindheit, Jugend, aber auch noch im frühen Erwachsenenalter gemacht haben. Zu diesen *alten* Erfahrungen zählen eigene Erlebnisse und Gefühle, aber auch die Verhaltens- und Einstellungsnormen, die uns unsere Eltern oder andere Bezugspersonen (Geschwister, Lehrer, Mitschüler, Lehrherren, Vorgesetzte, Kollegen . . .) vermittelt und/oder vorgelebt haben. Die Wissenschaft bezeichnet den Prozeß, in dessen Verlauf ein Mensch durch passiven oder aktiven Umgang mit anderen Menschen die ihm eigentümlichen Erlebnis- und Verhaltensweisen erwirbt, mit *Sozialisation.*
Die alten Erfahrungen gehören zu uns. Wir dürfen sie nicht übersehen und verneinen, wenn wir uns als Erwachsene weiterentwickeln wollen. Nicht alles früher Erfahrene ist falsch oder muß falsch sein. Nur – wir müssen die aus der Vergangenheit stammenden Erfahrungen immer wieder auf ihre Richtigkeit prüfen. Warum? Weil sie unser Leben, unser Verhalten "Hier und Heute" einengen können. Wir sind keine Kinder oder Jugendliche mehr. Heute besitzen wir andere Fähigkeiten als früher. Unsere Lebenssituation hat sich verändert. Wir stehen heute in Kontakt mit anderen Menschen, deren Bedürfnisse verschieden von denen unserer früheren Bezugspersonen sind. Der rasche Wandel unserer Gesellschaft stellt Anforderungen an unser Verhalten, die wir nicht erfüllen können, wenn wir nicht immer wieder lernen, uns auf neue Situationen einzustellen, um auf andere eigene Bedürfnisse flexibel reagieren zu können. Das verlangt Mut. Mut, neue Verhaltensweisen auszuprobieren und sich für neue Erfahrungen zu öffnen.

Das bedeutet Auseinandersetzung mit sich selbst und mit den anderen, wobei das Ergebnis nicht bedingungslose Anpassung heißen kann. Sich zu ändern, heißt *soziales Lernen.* Der soziale Lernprozeß kann von Faktoren beeinflußt werden, die verhindern, daß wir beim Neu- und Umlernen positive Erfahrungen machen.

Der größte Störfaktor ist die *soziale Angst.* Angst also, die sich auf die eigene Person oder andere Menschen bezieht. Jeder Mensch erlebt soziale Angst. Sie ist etwas Urmenschliches. Soziale Angst jedoch hält uns davon ab, neue Verhaltensziele zu formulieren und konkrete Schritte zu gehen, diese Ziele zu erreichen.

Soziale Angst wirkt sich auf verschiedenen Ebenen aus. Wir haben Angst
A) vor eigenen Gedanken und Gefühlen,
B) die eigenen Gedanken und Gefühle mitzuteilen,
C) vor bestimmtem eigenen Verhalten,
D) vor bestimmten Menschen und Situationen,
E) vor dem Verhalten anderer Menschen.
Die Buchstaben A, B, C, D, E sind keine Wertigkeiten. In der Praxis lassen sich die Ebenen sozialer Angst nicht so säuberlich wie hier auf dem Papier trennen.
Auf all diesen Ebenen haben wir unsere Ängste. Also auch Ängste, vor und zu Hörern zu reden, gewisse Schwächen zu zeigen; Angst, von anderen ausgelacht zu werden; . . .
Viele dieser Ängste sind für uns oft wichtige Gründe, eigene Gefühle zu unterdrücken, Menschen und Situationen zu meiden, die nur schaden können. Durch Vermeidung aller angstmachenden Gefühle, Verhaltensweisen und Begegnungen bringen wir uns um positive Erfahrungen. Viele andere Verhaltensweisen sind möglich, ohne daß die von uns befürchteten Konsequenzen eintreten.

Ich hatte Sie gebeten, in dem Schema auf den Seiten 29 bis 30 anzukreuzen, ob Sie die dort aufgeführten Ängste "nicht", "nur selten", "oft" oder "ständig" haben.
Kreuzen Sie jetzt bitte in der Spalte "Ebenen sozialer Angst" die Ebene (Buchstaben A, B, C, D oder E) an, von der Sie meinen, daß sie die in der Spalte "Ich habe Angst (da)vor . . ." formulierte *Einzelangst* betrifft:

Beispiel:

Ich habe Angst (da)vor . . ./. . . zu . . ., daß . . .	Diese Angst habe ich . . .				Ebenen sozialer Angst				
	nicht	nur selten	oft	ständig	A	B	C	D	E
– wenn mich viele Menschen ansehen			x						x

Zum Schluß stellen Sie bitte auf Seite 30 fest, wie häufig Ihre Redeängste (die Sie “nur selten”, “oft” oder “ständig” haben) welche Ebene der sozialen Angst betreffen.

6. Annäherungs- oder Vermeidungsverhalten

Die Psychologie sagt, daß jede unserer Verhaltensweise als Annäherungs- oder Vermeidungsverhalten aufgefaßt werden kann.
Beispiele: Man geht ins Kino, weil einen die Thematik des Films interessiert. Man ist freundlich zu einem Menschen, weil man ihn mag. Oder: Man geht ins Kino, weil man sich sonst langweilen würde. Man ist freundlich zu einem Menschen, weil man Angst hat, von ihm abgelehnt zu werden.

Vermeidungsverhalten ist uns meistens nicht bewußt. Wer Angst hat, wird häufig versuchen, angstauslösende Situationen zu meiden. Durch dieses Vermeidungsverhalten erhält die Angst aber keine Chance, wieder *gelöscht* zu werden. Sie könnten nun einwenden, daß gerade durch Vermeidungsverhalten die Angst verschwinden müßte. Das ist ein Irrtum. Viele Lernprozesse, die wir durchmachen, laufen nach dem Prinzip der *Verstärkung* ab. Erweckt zum Beispiel das freie Reden in uns angenehme Gefühle und fühlen wir uns erfolgreich, so fühlen wir uns positiv bestärkt. Wir werden das freie Reden wiederholen. Vermeiden wir die freie Rede als angstauslösende Situation, dann werden wir dadurch *belohnt,* daß die negativen Gefühle und Folgen nicht aufgetreten sind. Dadurch werden wir unser Vermeidungsverhalten verstärken. Wir haben weiterhin Angst. Ja, wir vergrößern sie sogar, weil wir nun verstärkt dazu neigen, der angstauslösenden Situation, sprich *der freien Rede,* auszuweichen, ja sogar vor ihr zu fliehen. Und schnell haben wir viele Argumente zur Hand, um diese Flucht vor uns selbst und anderen zu begründen.

Zweckmäßiger, als sich zu fragen: “Woher kommt denn meine soziale Angst?”, ist die Frage, ob das eigene Verhalten überwiegend Vermeidungsverhalten ist.
Antworten auf die letzte Frage können Sie sich schon einmal “auf dem Papier” erarbeiten, indem Sie eine Übung durchführen:
Tragen Sie zunächst im folgenden Schema in der Spalte “Verhalten, das ich nicht zeige” diejenigen Verhaltensweisen ein, die Sie im Kontakt mit Hörern *nicht* zeigen. Dieser Kontakt mit Hörern ist unterteilt in einen privaten (zum Beispiel: Hochzeitsfeier), geschäftlichen (zum Beispiel: Gruppenleiterbesprechung) und öffentlichen (zum Beispiel: Gemeinderatssitzung) Bereich.
Überlegen Sie nun, ob es sich bei diesen Verhaltensweisen um *Vermeidung* oder *Keine Vermeidung* handelt. Je nachdem kreuzen Sie im linken oder rechten Teil der Spalte ein Kästchen an. Die Ziffern 3 ← 1 links und 1 → 3 rechts vom Nullwert sind Stärkegrade und bedeuten jeweils folgendes:
1 = stimmt etwas; 2 = stimmt überwiegend; 3 = stimmt immer.
Die Kästchen unter der Ziffer 0 kreuzen Sie nur dann an, wenn Sie sich weder für *Vermeidung* noch für *Keine Vermeidung* entscheiden können. Im Schema ist ein Beispiel angegeben. Wenn Sie alle Kästchen angekreuzt haben, verbinden Sie die Kreuze mit Linien. Sie erhalten eine “Fieberkurve”, ein Profil, das Ihnen weitere wichtige Aufschlüsse über Ihr Verhalten vermittelt.

Kontakt zu Hörern im . . .	Verhalten, das ich **nicht** zeige	Vermeidung				keine Vermeidung		
		3	2	1	0	1	2	3
Beispiel: Hörer im geschäftlichen Bereich	Einsatz von Demonstrationsmitteln		x					
privaten Bereich								
geschäftlichen Bereich								
öffentlichen Bereich								

Fortsetzung der Übung:

1. Nach der Erstellung des Profils betrachten Sie die Verhaltensweisen, die Sie Hörern gegenüber vermeiden. Überlegen Sie: Welches Verhalten, das Sie bis jetzt vermieden haben, möchten Sie zeigen oder verstärkt zeigen, wagen es jedoch (noch!) nicht? Schreiben Sie das bitte auf:

Folgendes Verhalten, das ich bis jetzt vermieden habe, möchte ich zeigen oder verstärkt zeigen:	gegenüber Hörern im:
	privaten Bereich
	geschäftlichen Bereich
	öffentlichen Bereich

2. Überlegen Sie, und schreiben Sie dann bitte auf: Mit welchen Verhaltensweisen – die Sie zur Zeit vermeiden, früher aber vor Hörern praktizierten – haben Sie Erfahrungen gemacht, die Sie als negativ empfanden?

Verhaltensweise, die ich als negativ empfunden habe:	gegenüber Hörern im:
	privaten Bereich
	geschäftlichen Bereich
	öffentlichen Bereich

3. Bitte prüfen Sie, in welchem Bereich Sie mit der freien Rede die meisten von Ihnen als negativ empfundenen Erfahrungen gemacht haben. Fragen Sie sich: "Könnte es sein, daß negative Erfahrungen, die ich mit anderen Hörern in einer anderen Situation gemacht habe, von mir verallgemeinert wurden; das heißt, daß ich sie auf alle Hörer und Situationen, auf die freie Rede überhaupt, übertragen habe?":

Wenn Sie sich beim Suchen nach einer Antwort nicht allzuviel in die eigene Tasche gelogen haben, sind Sie wieder einen Schritt weiter.

Ich habe durch die Zusammenarbeit mit vielen Seminarteilnehmern gemerkt, daß die meisten Ängste im Zusammenhang mit der freien Rede Erwartungsängste sind. Viele Teilnehmer fürchten sich weniger *in* der Redesituation, also *während* sie frei reden, sondern sie fürchten sich mehr *vor* der Redesituation.
Antworten auf die Frage: "Ist mein Verhalten überwiegend Vermeidungsverhalten?" können Sie sehr schnell erhalten (nun aber nicht mehr auf dem Papier), indem Sie ausprobieren, ob Sie Angst haben, wenn Sie frei reden. Oder für die in der freien Rede schon etwas Erfahreneren: indem Sie ausprobieren, ob Sie Angst haben, wenn Sie (zum Beispiel) in der freien Rede mit Demonstrationsmitteln arbeiten. Nehmen Sie Ihre Angst *an die Hand*, und *gehen* Sie mit ihr.

“Das schreibt sich so einfach”, werden Sie vielleicht einwenden. Ja, das schreibt und sagt sich einfach. Es ist auch einfach. Es ist eine einfache Wahrheit (vielleicht in Ihren Ohren hart klingend): Die Angst vor der freien Rede überhaupt oder die Furcht vor anderen, neuen Verhaltensweisen während der freien Rede, *löschen* Sie nur, wenn Sie immer wieder frei reden. Begeben Sie sich immer wieder in die Situation der freien Rede. Drängeln Sie sich nach Gelegenheiten, frei zu reden. Von denen gibt es mehr, als Sie sie sich jetzt eingestehen wollen.
Was werden Sie erleben, wenn Sie diesem Rat folgen: Sie verringern oder *löschen* Ihre Angst, Angst zu haben.

Ihre Bemerkungen zum TEIL II:

Literaturhinweise:
Rautenberg, Werner/*Rogoll,* Rüdiger: Werde, der du werden kannst. Anstöße zur Persönlichkeitsentfaltung mit Hilfe der Transaktionsanalyse. 2. Aufl. Freiburg im Breisgau 1981
James, Muriel/*Jongeward,* Dorothy: Spontan leben. Hamburg 1974
Harris, A. Thomas: Ich bin o.k. – Du bist o.k.. Hamburg 1975

TEIL III: ZUR VERSTÄNDLICHKEIT UND WIRKSAMKEIT DER FREIEN REDE

7. Die Beziehungen zwischen Redner und Hörern

Redner – Rede – Hörer: Das sind die drei Faktoren, die einander bedingen und die im Rahmen des rhetorischen Prozesses aufeinander einwirken. Beschäftigen wir uns zunächst mit den Beziehungen zwischen dem Redner und seinen Hörern.
Sie müssen, so sagte ich anfangs, deren Wissensstand, deren Interessen, Meinungen, Erwartungen und Einstellungen, vor allem aber Ihre Beziehungen zu den Hörern richtig einschätzen. Von dieser Einschätzung, die Sie im Rahmen der Vorbereitung auf die freie Rede vorzunehmen haben, hängt neben anderen Gesichtspunkten die Verständlichkeit und Wirksamkeit Ihrer freien Rede ab.

Beziehungen können gesellschaftlich bestimmt werden. Die Positionen des Redners und der Hörer zueinander (Überordnung – Gleichordnung – Unterordnung) sind durch soziale Rollen bestimmt; zum Beispiel Abteilungsleiter – Mitarbeiter, Lehrer – Schüler, Offizier – Soldaten, Kollegen – Kollegen, Vereinsmitglieder – Vereinsmitglieder. Oft sind diese Positionen wirtschaftlich und/oder institutionell (zum Beispiel juristisch) gesichert. Die Verhaltenserwartungen sind häufig klar umrissen, ja sogar zum Teil im wörtlichen Sinn einklagbar. Das eben Beschriebene ist gewissermaßen die nach außen sichtbare, leichter einzuschätzende *öffentliche* Ebene der Beziehungen.

Beziehungen könen aber auch psychologisch beschrieben werden, hier vom Redner aus gesehen:
- Wie erlebt, fühlt der Redner sich selbst im Verhältnis zu den Hörern?
- Wie erlebt der Redner die Hörer?
- Was meint der Redner, wie er von den Hörern erlebt, empfunden, gesehen wird?

– Wie schätzt der Redner die Erwartungen der Hörer auf sein eigenes Verhalten ein?

Der Redner schätzt die Beziehungen mehr oder weniger bewußt nach folgenden Kriterien ein:

– Unterlegenheit – Gleichgewicht – Überlegenheit (Zum Beispiel: Der Redner fühlt sich selbst den Hörern oder einem Teil von ihnen nahestehend)
– Geringschätzung – Gleichgültigkeit – Wertschätzung (Zum Beispiel: Der Redner nimmt an, daß die Hörer oder Teile von ihnen ihn anerkennen).

Sprachen wir vorhin von einer öffentlichen Ebene der Beziehungen, so können wir die eben beschriebenen Erlebnisqualitäten und Einschätzungskriterien als die *private* Ebene der Beziehung bezeichnen. Sie ist – im Vergleich zur öffentlichen Ebene – manchmal schwer einschätzbar und wird meistens erst während der Rede erkennbar.

Schätzen Redner und Hörer ihre Beziehungen zueinander und die Gesamtsituation *sehr unterschiedlich* ein, entstehen Konflikte, aus denen sich unterschiedliche Konsequenzen ergeben. Ein grob skizzierter Fall soll das verdeutlichen:
Ein Mitarbeiter (M), persönlich und fachlich stark engagiert, redet während der Arbeitsbesprechungen öfter zu seinen Kollegen (Kn) und zu seinem Chef, dem Abteilungsleiter (Al). Auf der öffentlichen Ebene der Beziehungen – auf der die Positionen des Redners und der Hörer zueinander durch soziale Rollen bestimmt sind – herrscht im Verhältnis M (Redner) zu Kn (Hörer) Gleichordnung. Der Al (Hörer) ist übergeordnet, der M (Redner) damit untergeordnet. Auf der privaten Ebene der Beziehungen sei unterstellt: Der M ist fachlich besser qualifiziert als sein Al. Dadurch erlebt sich M seinem Chef gegenüber als überlegen. Vielleicht verachtet M ihn deshalb. Die öffentliche Ebene liegt mit der privaten Ebene der Beziehungen über Kreuz.

Ist das dem M aufgrund fehlender oder mangelhafter Situationseinschätzung nicht bewußt, redet er also weiterhin drauflos, so werden seine Reden mit entsprechendem Auftreten Folgen für ihn haben. Zum Beispiel: Einige Kn werden sich sagen: “Was spielt sich M so auf? Der ist nicht unser Chef, M hat uns gar nichts zu sagen.” Einige Kn werden M schneiden oder sich nach dem Motto “Viele Hunde sind des Hasen Tod” gegen M verbünden. Oder: Einige Kn werden sich (weil sie ein paar alte Rechnungen mit dem Al zu begleichen haben) mit M solidarisieren (aber nur scheinbar, M merkt das nicht), um M als Speerspitze gegen Al zu benutzen.
Der Al, vor seinen anderen Mitarbeitern vom M ständig fachlich bloßgestellt und von oben herab behandelt, wird sich rächen. Hier bietet sich eine breite Palette von Möglichkeiten an: Vielleicht wird der M weggelobt, M wird als Querulant abgestempelt, Gerüchte werden über M in Gang gesetzt, M wird bei außertariflichen Gehaltserhöhungen übersehen, M hat keine Aufstiegschancen. M wird mit tausend kleinen Nadelstichen so zermürbt, daß er von sich aus seinen Arbeitsvertrag kündigt.

Hat M die Beziehungen realistisch eingeschätzt und sind ihm die Konflikte bewußt, so ergeben sich für M – ausgehend von seinen Absichten (!) – mehrere Möglichkeiten:
- M kündigt.
- M strebt eine Versetzung an.
- M bleibt in der Chefrolle und steuert bewußt durch das Was-Wie-Gesagte und durch sein Auftreten weiterhin auf Konfrontationskurs. Weil M weiß, was er tut, ist er bereit, Folgen in Kauf zu nehmen.
- M weist sich die angemessene Rednerrolle zu, das heißt, er bleibt in der Rolle eines Kollegen und Mitarbeiters. M akzeptiert die Gleichstellung, die Unter- und Überordnung (Unterordnung ist nicht gleich Unterwürfigkeit). M läßt den Chef das Gesicht wahren.

Ratschlag:
Bemühen Sie sich, Redesituationen – besonders Ihre Beziehungen zu Hörern – besser einzuschätzen. Das ermöglicht Ihnen – *ausgehend von Ihren Absichten (Intentionen)* – sich im Verhältnis zu den Hörern und zum Redeziel die angemessene Rednerrolle zuweisen zu können. Die Rede selbst (*was* und *wie* Sie es sagen) ist ein Ergebnis der Redesituationseinschätzung.

8. Die Verständlichkeit und Wirksamkeit der Sprache des Redners

"Wer sich einer Sprache bedient, um damit zu andern Menschen zu reden, muß damit rechnen, daß die Art, wie jene selber zu sprechen und zu hören gewohnt sind, ihre Verständnisfähigkeit begründet. Wenn er sich den Grundtatsachen ihres Sprachlebens widersetzt, schiebt er dadurch ein Hindernis der Verständigung zwischen sich und sie." (18)
Wenn Sie durch freie Rede die Kommunikation mit den Hörern verbessern wollen, müssen Sie sich mit zwei Aufgabenkreisen weiter beschäftigen:
– der Verständlichkeit und
– der Wirksamkeit Ihrer Sprache.
Diese Aufgabenkreise enthalten die sich beeinflussenden Teile Information (das WAS und WIE GESAGTE) und Hörer. Wenn Sie die Information den Hörern anpassen, ist die Verständlichkeit fast optimal. Um Anpassen zu können, ist es wichtig zu wissen, welchen "Sprachcode" Sie und die Hörer überwiegend benutzen.

8.1 Die Sprachcodes der Redner und Hörer

Mit dem Begriff "Sprachcode" arbeitet die Soziolinguistik. Diese noch recht junge Wissenschaft versucht, die Beziehungen zwischen sozialer Schicht und Sprache, die Unterschiede im Sprachgebrauch sozialer Gruppen zu erforschen. Mitbegründet wurde diese Wissenschaft von dem Engländer Basil

Bernstein. Er versteht unter "code" die spezifische, schichtabhängige Ausschöpfung der sprachlichen und sozialen Möglichkeiten des Sprachbesitzes.
Bernstein unterscheidet zwei (Sprach-)Codes:
- den "restricted code" (den er der Unterschicht)und
- den "elaborated code" (den er der Mittelschicht zugeordnet hat).

In Deutschland wurden daraus die Begriffe "restringierter Code" und "elaborierter Code" gemacht.

Die Soziologie versteht unter *sozialer Schicht* eine durch gemeinsame Merkmale (Ausbildung, Beruf, Einkommen, Verhaltensnormen, Konsumstil, politische Einstellung, Parteizugehörigkeit, Mobilität, Lebensstil . . .) sowie das Zugehörigkeitsgefühl (Schicht-Bewußtsein) und zum Teil auch durch die Solidarität ihrer Mitglieder gekennzeichnete Großgruppe in einer hierarchisch aufgebauten Gesellschaft. Die *soziale Schichtung* ist die vertikale Strukturierung einer Gesellschaft durch soziale Schichten. Die Erforschung der sozialen Schichtung führte zum Modell der *Schichtungspyramide*. Ihrem Aufbau liegt im allgemeinen das Grundschema *Oberschicht, Mittelschicht* und *Unterschicht* zugrunde.

Zur *Oberschicht* werden die Bevölkerungsgruppen gezählt, die durch ihr Einkommen und Vermögen, durch ihren Einfluß auf gesellschaftliche Entwicklungen und Entscheidungen und durch ihre Wirkung in wesentlichen Institutionen und Organisationen einen bestimmten Einfluß in der Gesamtgesellschaft ausüben. Kapitaleigner, Spitzenführungskräfte in Politik, Wirtschaft, Wissenschaft und im kulturellen Leben sind zum Beispiel Angehörige der Oberschicht.

Von der Ober- und Unterschicht hebt sich die *Mittelschicht* deutlich ab, und zwar durch die Stellung ihrer Angehörigen im Arbeitsprozeß, nach dem Bildungsniveau und -anspruch und nach deren Lebensbedingungen (Freizeit, Wohnweise). Als typische Angehörige der Mittelschicht rechnen alle Inhaber von Berufspositionen, die vor allem mittlere und zum Teil höhere Bildungs- und Qualifikationsabschlüsse erreicht haben, also im wesentlichen die Angehörigen des *alten* wie des *neuen Mittelstands.* Die Abgrenzung des Mittelstands ist fließend. Im engeren Sinn umfaßt er nur die selbständigen Handwerker und Gewerbetreibenden sowie die kleinen und mittleren Händler und Unternehmer, im weiteren Sinn auch die unteren und mittleren Beamten und Angestellten, im weitesten Sinn auch die gesamte Bauernschaft. Dem *alten Mittelstand* werden die selbständigen Inhaber gewerblicher, kaufmännischer und landwirtschaftlicher Mittel- und Kleinbetriebe zugerechnet, weiterhin die freien Berufe und große Teile des Beamtentums. Der *neue Mittelstand* umfaßt auch die Gruppen, die auf Grund der industriellen Entwicklung neu entstanden sind, vor allem die mittleren und unteren Angestellten sowie die qualifizierten Facharbeiter. Je nach Kriteriumsauswahl und Schichtungsmodell werden etwa 40–50% der westdeutschen Bevölkerung zur Mittelschicht gerechnet.

Die *Unterschicht,* eine weitere Großgruppe in der sozialen Schichtung einer Gesellschaft, hat nach den Kriterien Einkommen, Vermögen, Bildungsstand, Beruf, Sozialchancen einen niedrig bewerteten sozialen Status. Da zur Unterschicht je nach Kriterium etwa 40–60% der Bevölkerung zählen, wird sie in eine *obere Unterschicht* (zum Beispiel Industriearbeiter) und eine *untere Unterschicht* (zum Beispiel ungelernte Arbeiter) gegliedert.

Ich bin auf die Frage der sozialen Schichten näher eingegangen, weil in England der Mittelstand ("middle classes") etwas anders gesehen und definiert wird als in Deutschland.

Der *restringierte Code* (im folgenden abgekürzt: RC) bedeutet eine beschränkte Ausschöpfung, der *elaborierte Code* (im folgenden: EC) eine weitgehende Verwirklichung der sprachlichen Möglichkeiten.

Um die beiden Codes besser erkennen und unterscheiden zu können, folgen zwei Übersichten. Die erste basiert auf der Arbeit von Wulf *Niepold* (19), die zweite auf den Ausführungen von Dieter *Wunderlich* (20) und Ulrich *Oevermann* (21).

Übersicht 1

Der elaborierte Code ist durch folgende charakteristische Merkmale gekennzeichnet. (Hinweis: Die Merkmale des RC ergeben sich durch die Gegensätze!)	
1. SATZBAU	= Syntax; die Lehre vom Satzbau, von der Gruppierung und Zuordnung der Wörter, von der Aufgabe der Wörter im Satzgefüge.
1.1	Komplexere Satzkonstruktion; im Satzbau Fügung von Haupt- und Nebensätzen (= Hypotaxe). Das kann zu Schachtelsätzen entarten.
1.2	Es werden mehr vollständige Sätze gesprochen.
2. BINDEWÖRTER	= Konjunktionen; sie haben die Aufgabe, Satzteile im Satz oder Sätze in einer Periode zu verbinden. Bindewörter verbinden nicht nur, sie machen die Aussage verbindlicher, sie gestehen etwas zu (Zum Beispiel: wenn auch). Bindewörter stellen Bedingungen (Zum Beispiel: falls), sie vergleichen (Zum Beispiel: wie, als) und nennen den Grund (Zum Beispiel: da).
2.1	„So, denn, also, folglich, und, weil" wird weniger benutzt.
2.2	Alle anderen Bindewörter werden häufiger gebraucht.
3. LEIDEFORM	= Passiv; das ist eine Verhaltensrichtung des Tätigkeitswortes, die von der im Satzgegenstand genannten Person oder Sache her gesehen wird, die von einer Handlung betroffen ist. Das Tätigkeitswort steht im Passiv. (Zum Beispiel: „Der Mann wird (von der Frau) geküßt.")
3.1	Es wird mehr in der Leideform gesprochen.
4. FÜRWÖRTER	= Pronomen; Wörter, die für die sprechende(n), angesprochene(n) Person(en) oder für die Person(en) oder Sache(n) stehen, über die gesprochen wird.
4.1	Insgesamt werden weniger Personalpronomen gebraucht.
4.2	Mehr „es", insbesondere als Subjekt (Zum Beispiel: „Es ist Ihnen bekannt, daß . . .").
4.3	„Ich" wird häufig, „wir" wird wenig benutzt.
5. VERHÄLTNISWÖRTER	= Präpositionen; Wörter, die räumliche, zeitliche oder logische Beziehungen ausdrücken (Zum Beispiel: auf, in, um, zu, für, vor).
5.1	Verhältniswörter, die logische Beziehungen und räumliche/zeitliche Nähe anzeigen, werden häufiger gebraucht.
6. EIGENSCHAFTSWÖRTER	= Adjektive; Wörter, die Haupt- oder Tätigkeitswörter näher bestimmen (Zum Beispiel: Das grüne Blatt. Das Blatt ist grün.).
6.1	Es werden insgesamt mehr Eigenschaftswörter verwendet. Sie sind häufig ungewöhnlich.

Übersicht 1 (Fortsetzung)

Der elaborierte Code ist durch folgende charakteristische Merkmale gekennzeichnet. (Hinweis: Die Merkmale des RC ergeben sich durch die Gegensätze!)	
7. UMSTANDS-WÖRTER	= Adverbien; Wörter, die die näheren Umstände eines Geschehens erläutern. (Zum Beispiel: Hier, nun, nur, vielleicht, leider, keineswegs)
7.1	Es werden insgesamt mehr Umstandswörter gesprochen und auch mehr ungewöhnliche benutzt.
8. SPRECHPAUSEN	Es werden mehr und länger dauernde Sprechpausen gemacht.
9. KÖRPERSPRACHE	Sie ist eher eingeschränkt.
10. WORTSCHATZ	Er ist größer. Es werden mehr Fremdwörter benutzt.
11. LOGISCHES SUBJEKT	Das logische Subjekt wird in einer Satzfolge länger durchgehalten.
12. PERSÖNLICHE ANNAHMEN UND ABSICHTEN	Sie werden als solche gekennzeichnet und näher erläutert.
13. BEGRÜNDUNGEN U. FOLGERUNGEN	Sie werden seltener verwechselt.
14. KURZE BEFEHLE UND FRAGEN	Sie werden seltener verwendet.
15. SPRACHE	Insgesamt ist die Sprache mehr abstrakt.

Übersicht 2

Restringierter Code	Elaborierter Code
1. Die sprachlichen Reihenfolgen können in ihrem Ablauf von einem beliebig gewählten Punkt aus mit hoher Wahrscheinlichkeit vorausgesagt werden. Die Bedeutungen der sprachlichen Ausdrücke sind in hohem Maße kollektiv standardisiert.	Es besteht nur eine geringe Voraussagewahrscheinlichkeit der sprachlichen Reihenfolgen. Die Bedeutungen der sprachlichen Ausdrücke sind oft an das persönliche Verständnis eines Sprechers gebunden.
2. Zwischen den RC-benutzenden Menschen besteht ein hoher Grad der Übereinstimmung in der Beschreibung der sozialen Situation und damit an Solidarität. Die Menschen orientieren sich vorwiegend am sozialen Status der anderen. Der RC hat eine Schutzfunktion. Er soll die Gruppe in sich stabilisieren und gegen außen abschließen.	Es bestehen große Unterschiede in der Einschätzung sozialer Situationen. Die Menschen orientieren sich überwiegend an der Person des anderen.
3. Der Austausch von Informationen bezieht sich überwiegend auf konkrete Sachverhalte, die zur Situation gehören. Außergewöhnliche Sachverhalte und Zustände können meistens nur nichtmündlich (Zum Beispiel: durch Gesten, Mimik, Körperhaltung) ausgetauscht werden.	Es können auch mehr abstrakte Sachverhalte ausgetauscht werden. Auch bei ungewöhnlichen Sachverhalten und Situationen überwiegt die mündliche Kommunikation.
4. Beschränkt den Erfahrungshorizont, hemmt die Eröffnung von Lernprozessen.	Eröffnet weiten Erfahrungshorizont und fortschreitende Lernprozesse.
5. Erlaubt nur geringe Rollenflexibilität und Rollendistanz.	Erlaubt große Flexibilität in der Übernahme sozialer Rollen und die Distanz zur eigenen Rolle.
6. Nur wenige Bezugsgruppen (Familie, Nachbarschaft, Arbeitsplatz), feste Rollen, Diskussion nur über das Nötigste; Schwerpunkte liegen bei Bestätigung, Solidarität und Anpassung.	Vielzahl von Bezugsgruppen, wechselnde Themen; Schwerpunkte liegen bei persönlicher Leistung, Diskussion und Selbstdarstellung.

Zwischen beiden Sprachcodes gibt es Mischformen, vor allem bei den Erwachsenen. Völlig klar unterscheidbar sind die Sprachcodes wohl nur bei Kindern und Jugendlichen. Der Erwerb eines Sprachcodes ist abhängig von der Sozialisation eines Menschen, von dem Prozeß, durch den ein Mensch in eine Gruppe eingegliedert wird und deren Werte und Normen lernt und verinnerlicht (siehe auch Seite 31). Da die vorhin aufgeführten EC/RC-Merkmale zum großen Teil Bestandteile der Persönlichkeit eines Menschen geworden sind, können sie nur sehr schwer geändert werden. Änderungsversuche erlebt man leider immer wieder bei Rhetoriktrainern, die sich so nennen, aber in Wirklichkeit keine sind. Das führt in solchen sogenannten Rhetorikkursen zu dem Ergebnis, daß Teilnehmer zu dem da vorne Stehenden sagen: "Sie wollen mich wohl ummodeln, umpolen, umkrempeln. Dann bin ich ja nicht mehr ich selbst!"

Ob Kommunikation mehr gelingt oder mehr mißlingt, hängt in hohem Maße (neben einigen anderen Faktoren, über die noch zu sprechen ist) vom Sprachcode des Redners und der Hörer ab.

Sprechen Redner und Hörer (oder die Mehrzahl von ihnen) RC oder sprechen Redner und Hörer (oder die Mehrzahl von ihnen) EC, dann ist die Übereinstimmung groß.
Benutzen Redner und Hörer jeweils einen anderen Sprachcode und spricht der Redner – ohne den Sprachcode der Hörer zu berücksichtigen – in seinem Sprachcode, so ist Verständigung gering, wenn nicht gar unmöglich. Das ist oft dann der Fall, wenn der Redner EC und die Mehrzahl der Hörer RC spricht. Zwei Beispiele aus dem politischen und wirtschaftlichen Bereich sollen das deutlich machen:
Die Mehrzahl der SPD-Mitglieder in den Ortsvereinen klagt immer häufiger darüber, daß sie die Funktionäre auf den verschiedenen Leitungsebenen nicht mehr verstehe. Damit ist vielleicht weniger die betriebene Politik, sondern mehr die Sprache gemeint. Es ist keine Wertung, sondern eine Feststellung, wenn ich sage, daß die Mehrzahl der SPD-Mitglieder RC

spricht. Wenn nun – wie in den vergangenen fünfzehn Jahren besonders auffällig – immer mehr EC-sprechende Akademiker in die Führungspositionen vorstoßen, dann braucht sich die Parteispitze und die Basis nicht zu wundern, wenn die Beziehungen sehr gestört sind.
Neulich hörte ich in einem Unternehmen einen leitenden Mitarbeiter der Hauptabteilung Öffentlichkeitsarbeit und Informationswesen zu einem Kreis von Schreibkräften sprechen. Der Mitarbeiter versuchte den Damen in langatmigen Ausführungen "Corporated Identity" zu "verkaufen". Übrigens: Wenn Sie wieder einmal in der Hörerrolle sind, dann sehen Sie weniger zum Redner. Schauen Sie sich mehr die Gesichter und Körperhaltungen Ihrer Mithörer an. Dort spielen sich die Krimis ab. Zurück zu unserem Redner: Hätte er doch bloß etwas gezeigt und mehr Deutsch gesprochen; vom einheitlichen äußeren Erscheinungsbild eines Unternehmens, das unter anderem auch in einer einheitlichen Gestaltung der Geschäftspapiere verwirklicht werden muß.
Sie müssen Ihren Sprachcode und den Ihrer Hörer kennen, wenn Ihre Rede verständlich und wirksam sein soll.

Wie können Sie zunächst feststellen, welchen Code Sie überwiegend benutzen? Sie haben einige Möglichkeiten:

- Nehmen Sie Ihre Reden häufiger auf Band auf (ein Kassettenrecorder ist nicht teuer!). Solange nur Sie sprechen, ist das erlaubt. Sie brauchen keine Zustimmung der Hörer. Hören Sie Ihre Reden an. Prüfen und stellen Sie besonders mit Hilfe der Übersicht 1 fest, ob Sie überwiegend EC oder RC sprechen und welche Merkmale für Sie besonders zutreffen.
- Sprechen Sie über diese Fragen mit einem Kollegen, Ihrem Chef, mit anderen Personen, von denen Sie annehmen, daß sie Ihnen helfen können.
- "Analysieren Sie auch, wie oft Sie in Ihrem privaten und beruflichen Alltag Mißverständnisse erleben; auch die Struktur dieser Mißverständnisse sollten Sie kennen! Sprechen Sie mit jenen Menschen bewußt über Ihre gestörte

Kommunikation, von denen Sie sich am wenigsten verstanden fühlen! Scheuen Sie dabei keine sozialen oder hierarchischen Hindernisse." (22)

– Nutzen Sie die Chancen, die sich Ihnen durch die Teilnahme an Rhetorikseminaren bieten. Gut ausgebildete und erfahrene Seminarleiter sind bereit, mit Ihnen unter vier Augen zu sprechen. Auch andere Seminarleiter sind dazu bereit. Bei denen laufen jedoch die Einzelgespräche meistens sehr schnell in die Richtung "Psychotrip" und "Intimsafari". Man zerkleinert Sie und läßt die Trümmer liegen. Woran Sie solche Leute erkennen? Wenn Sie meinen Erfahrungen folgen wollen, können Sie das nach folgender Faustregel einschätzen: Diese Seminarleiter bieten Ihnen die Einzelgespräche sehr häufig an; ja, sie drängen sie Ihnen geradezu auf. Meistens fallen Sätze, wie zum Beispiel: "Ich bin gern bereit, mit Ihnen heute Abend über Ihre Probleme (!!!) zu sprechen." Der Schluß ist nicht verwegen, daß solche Seminarleiter solche "Gespräche" dringend für die Lösung ihrer eigenen Probleme brauchen.

Wenn Sie EC sprechen, empfehle ich Ihnen eine Übung, die Sie ständig wiederholen sollten: Lassen Sie die auf dem Kassettenrecorder gespeicherten Reden aufschreiben und *übersetzen* Sie Ihre Reden in RC. Der Übungsaufwand lohnt sich. Die Verständlichkeit und Wirksamkeit Ihrer Sprache gegenüber RC sprechenden Hörern gewinnt dabei. Den EC-Rednern will ich noch einen Rat mit auf den Weg geben: Wenn Sie zu Hörern reden, die selbst überwiegend EC-Sprecher sind, dann sagen Sie sich nicht: "Ich kann es mir leisten, bei den 15 charakteristischen EC-Merkmalen (siehe Übersicht) zu bleiben; diese Hörer verstehen mich ja." Auch EC redenden Hörern bekommen kürzere Sätze ganz gut! Auch diese Hörer fühlen sich durch die Tatform stärker angesprochen! Auch diese Hörer sehen lieber einen lebendigen Menschen, als einen körpersprachlich eingeschränkten Redner! Auch diese Hörer wünschen sich – wenn sie es auch oft nicht zugeben – eine mehr konkrete Sprache! Ein EC-Redner, der meinem Rat folgt, braucht keine Angst zu haben, in die Stilebene des Gassenjargons zu fallen!

Sprechen Sie RC, sollten Sie sich Ihrer Grenzen bewußt werden und sie akzeptieren. Eine Umorientierung auf EC wäre nur durch eine Umbildung Ihrer Sozialisation möglich. "Das ist ein sehr aufwendiges Geschäft und zumeist mit jahrelangen psychischen Krisen verbunden." (23) Bekennen Sie sich zu Ihrem RC. Verlangen Sie Ihrem Sprachcode das Beste ab. Als RC-Redner haben Sie gegenüber den EC-Rednern noch einen Vorteil: Sie werden von den RC- *und* EC-Hörern verstanden, während es die EC-Sprecher schwerer haben, von RC-Hörern verstanden zu werden.

Sie werden sich jetzt bestimmt fragen: "Welchen Sprachcode benutzen denn nun meine Hörer?" Um eine Antwort auf diese Frage zu erhalten, müssen Sie Informationen – so viele wie möglich – über Ihre Hörer einholen, besonders über die Merkmale Ausbildung, Beruf, Position, um aus diesen Kriterien auf die soziale Schichtzugehörigkeit der Hörer schließen zu können. Dabei sollten Sie behutsam sein. Prüfen Sie auch, welches *Vorverständnis* Sie bei den Hörern voraussetzen können. Beim Vorverständnis handelt es sich nicht nur um das Sach- und Fachwissen, sondern auch um die Erfahrungen, Erwartungen, Interessen und Motive. Das Vorverständnis ist auch erhöht, wenn der Redner und die Hörer gemeinsame Ideologien. und Vorurteile haben. Je größer das Vorverständnis ist, desto mehr kann sich der Redner auf das beschränken, was seine Informationen für die Hörer an Neuem enthalten. Wenn zum Beispiel ein Redner vor deutschen Arbeitnehmern sagt: "Der Beitragssatz in der gesetzlichen Rentenversicherung wird um 1% erhöht", dann ist diese Aussage verständlich. Der Redner muß nicht erst erklären, was eine gesetzliche Rentenversicherung und ein Beitragssatz ist und welche finanziellen Folgen eine Erhöhung für die Arbeitnehmer und Arbeitgeber hat.

8.2 Die unterschiedliche Wortbedeutung

Wenn Sie Wörter verwenden, die für unterschiedliche Hörergruppen unterschiedliche Bedeutungen haben, mindern Sie die Verständlichkeit und folglich die Wirksamkeit Ihrer Rede. Die Bedeutung eines Wortes wird unterteilt in eine *denotative* und *konnotative*.
Beispiele:
Denotativ bezeichnet das Wort "Sommer": Jahreszeit, Wärme. Die Denotation (oder das Denotat) umfaßt die Hauptbedeutung eines Wortes, die allen gemeinsam ist, die die gemeinsame Sprache sprechen. Die Denotationen (sie sind mit den Definitionen identisch) werden in Lexika und Wörterbüchern festgelegt. "Sommer, die wärmere Jahreszeit; . . ." (24) Der Redner kann aber nicht davon ausgehen, daß die Hörer wandelnde Lexika sind.

Was Redner und Hörer nicht in den Nachschlagewerken finden, ist die konnotative Bedeutung. Die Konnotation (oder das Konnotat) umfaßt die Nebenbedeutungen eines Wortes; alles das, was ein Wort an Vorstellungen und Empfindungen hervorruft, anregt und suggeriert. *Konnotativ* bezeichnet das Wort "Sommer": Urlaub, barfuß über eine Wiese laufen und, und, und . . . Das steht nicht im Lexikon. Der Redner muß sich dessen bewußt sein, welche konnotativen Bedeutungen die Wörter für ihn haben. Dadurch kann er sie in der freien Rede klar formulieren und die Nebenbedeutungen bei den Hörern eingrenzen.

Kürzlich hörte ich einen Redner zu Mitgliedern einer Volksbank sprechen. Er erwähnte das Wort "Passivgeschäft", erklärte aber nicht, was es heißt. Wahrscheinlich unterstellte er, daß im Saal nur Bankfachleute säßen, denen man das nicht zu erklären brauche. Im Saal waren überwiegend Nichtfachleute. Hätte doch der Redner gesagt, was man im Bankwesen unter "Passivgeschäft" versteht, nämlich alle der Beschaffung von Geldkapital dienenden Geschäfte, besonders die

Annahme von Spareinlagen. Dann wären durch das Wort "passiv" – wie ich durch Befragen einiger Hörer feststellte – nicht Bedeutungen wie "untätig", "inaktiv", "teilnahmslos", "faul" zur Hauptbedeutung des Wortes "Passivgeschäft" geworden.

8.3 Die Hörer und deren selektives, projizierendes, interpretierendes Verstehen

Ein wichtiger Faktor in der Kommunikation ist, daß Hörer selektiv, projizierend und interpretierend verstehen.

Das selektive (auswählende) Verstehen
"Die Menschen suchen sich im Zweifelsfall mehr diejenigen Mitteilungen aus, die ihren Motiven, ihren Bedürfnissen und ihren Zielsetzungen entsprechen. Das, was ihnen nicht entspricht, wird im Zweifelsfall weniger beachtet und eher vernachlässigt . . ." (25)

Das projizierende Verstehen
Das projizierende Verstehen (projizieren hier: Meinungen, Empfindungen auf einen anderen Menschen übertragen) wird durch die Erwartungen des Hörers beeinflußt. "Sie wissen, was Ihre Zuhörer mitunter aus Ihren Sätzen alles heraushören, ohne daß diese Inhalte von Seiten der objektiven Information gerechtfertigt wären." "Es wird nur das verstanden, was man von Ihnen erwartet, daß Sie es sagen *würden.* Der Hörer projiziert seine eigene Meinung in Ihre Worte hinein." (26)

Das interpretierende Verstehen
Ein Seminarteilnehmer sagte einmal zu mir: "Ich ertappe mich manchmal dabei, daß ich die Worte eines Redners so lange in meinem Kopf hin und her drehe, bis sie in mein Weltbild passen." Diese drastische Aussage führt zu einer anderen Verstehensweise, dem interpretierenden (Interpretation: Auslegung, Deutung) Verstehen.

“Die Formen des Mißverständnisses aufgrund der “Interpretation” der Nachricht durch den Empfänger sind verschieden: mal wird einem Schlüsselwort ein anderer Sinn untergeschoben, mal wird eine Umstellung des Wesentlichen in einem Wort oder in einer Gruppe von Wörtern entgegen den für den Sender wichtigen Vorstellungen vorgenommen, oft ist es der Verlust eines bedeutenden Kontextes, was den Sinn dessen, was man so mißbräuchlich isoliert, verändert, dann wieder eine Interpretation der Grundidee und der Intention des Senders, mal entdeckt man zwischen den Zeilen oder den Wörtern eine subtile Bedeutung, die der Sender nicht hineingelegt hat, oder es werden “Lücken”, “weiße Stellen” oder bei der Übertragung der Nachricht verlorengegangene Stellen willkürlich ergänzt. Natürlich wird jede dieser Formen mehr oder weniger begünstigt durch Zweideutigkeiten, Doppelsinnigkeiten, Lükken und Pausen, die vom Sender verschuldet sind. Doch ist auch einzuräumen, daß das mangelnde Auffassungsvermögen des Empfängers um so chronischer wird, je mehr er in einem persönlichen Meinungssystem, persönlichen Ansichten, Ideen und Leidenschaften befangen ist.” (27)

8.4 Die kognitive Dissonanz

Im Zusammenhang mit dem selektiven, projizierenden und interpretierenden Verstehen sind auch Leon *Festingers* Aussagen zu sehen, die er in seiner “Theorie der kognitiven Dissonanz” (28) veröffentlicht hat.
Im engeren Sinn ist Dissonanz die “. . . Bezeichnung für den unangenehmen Eindruck, der durch zwei gleichzeitig erzeugte Töne hervorgerufen wird, die wegen der entstehenden Schwebungsinterferenz nicht als Zusammenklang wahrgenommen werden können.” (29) Dieser Mißklang drängt nach Auflösung der Spannung, der Unstimmigkeit.
Kognitiv (lat. Kognition = die Erkenntnis) heißt, das Erkennen, Wahrnehmen, Denken betreffend. Übertragen in den psychologischen Bereich ist kognitive Dissonanz ein span-

nungsvoller Zustand im Bewußtsein, das *zwei einander widersprechende* Informationen (auch Erfahrungen, Meinungen, Ansichten, Wertvorstellungen, Fakten) akzeptieren soll. Diesen Zustand empfindet der Mensch als unangenehm und störend. Weil er diese oft quälenden Störungen (Dissonanzen) nicht lange ertragen kann, versucht er sie zu verringern oder zu beseitigen. Das gelingt ihm auch häufig, indem er Logik und Vernunft hintenanstellt. Eine oder beide Kognitionen werden geändert, um sie stimmig zu machen – schon ist der Mensch wieder mit sich im Reinen, im Gleichgewicht. Christian *Morgenstern* (1871–1914) beschreibt diesen Sachverhalt in einem seiner Gedichte:

Die unmögliche Tatsache

Palmström, etwas schon an Jahren,
wird an einer Straßenbeuge
und von einem Kraftfahrzeuge
überfahren.

“Wie war” (spricht er, sich erhebend
und entschlossen weiterlebend)
“möglich, wie dies Unglück, ja –:
daß es überhaupt geschah?

Ist die Staatskunst anzuklagen
in bezug auf Kraftfahrwagen?
Gab die Polizeivorschrift
hier dem Fahrer freie Trift?

Oder war vielmehr verboten,
hier Lebendige zu Toten
umzuwandeln, – kurz und schlicht:
Durfte hier der Kutscher nicht –?”

Eingehüllt in feuchte Tücher,
prüft er die Gesetzesbücher
und ist alsobald im klaren:
Wagen durften dort nicht fahren!

Und er kommt zu dem Ergebnis:
"Nur ein Traum war das Erlebnis.
Weil", so schließt er messerscharf
"nicht sein *kann,* was nicht sein *darf.*" (30)

Ein anderes Beispiel: das Rauchen aufgeben. Was passiert, wenn ein Raucher im Fernsehen "schlagende" Beweise sieht, daß Rauchen Lungenkrebs verursacht? Für den Raucher gibt es zwei Möglichkeiten: Entweder hört er auf zu rauchen oder er ändert seine Einstellung zum Rauchen. Wer einmal versucht hat, das Rauchen aufzugeben, weiß, daß das Ändern der Einstellung leichter ist. Der Raucher wird vielleicht dazu neigen, einen Zusammenhang zwischen Lungenkrebs und Rauchen für unzulässig zu halten. Vielleicht nennt er Freunde, die ebenfalls rauchen. Oder: "Mein Opa ist 80 Jahre alt geworden. 60 Jahre lang hat er wie ein Schlot geraucht und ist trotzdem nicht an Lungenkrebs gestorben." Vielleicht steigt der Raucher auf Filterzigaretten um, weil Filter – so glaubt er – alle Schadstoffe abhalten. Oder aber: Der Raucher bekennt sich zum Qualmen und beschließt, daß ein kurzes und genußreiches Leben besser sei als ein langes und entsagungsvolles.

Es gibt für den Menschen verschiedene Wege, Dissonanzen zu reduzieren oder zu beseitigen. Für welchen Weg er sich entscheiden wird, hängt von den spezifischen Bedingungen einer Situation ab, in der ein Mensch die eine und nicht die andere Alternative wählt. Das Mindern oder Beseitigen kognitiver Dissonanzen ist nur ein Beweggrund neben anderen. Wäre es eine vorherrschende menschliche Eigenschaft, jede auftretende Dissonanz in Gedanken abzubauen, gäbe es kein geistiges Wachstum, keine Reife, keinen Fortschritt mehr. Die Menschen würden alle Widersprüche unter den Teppich kehren und alle Fehler in Tugenden verwandeln, aus Irrtümern würde nicht mehr gelernt. Menschen müssen aber aus der Erfahrung lernen. Wenn die dissonante Information nützlich ist, tolerieren sie oft die Dissonanz. In dem Maße wie der Nutzen von Informationen wächst, in dem Maße wächst auch die Toleranz für die Dissonanz, die mit diesen Informationen verbunden ist.

Aus dem Tolerieren gegensätzlicher Informationen kann sich bei Hörern ein Nachdenkprozeß entwickeln, in dessen Folge ein Umdenken geschieht, andere Entscheidungen getroffen werden und folglich anders als bisher gehandelt wird. Wenn Sie Informationsreden, besonders aber Überzeugungsreden halten, mit denen Sie die Hörer *von Ihrer Meinung* überzeugen wollen, dann seien Sie sich immer über eines im klaren: Sie erzeugen zunächst bei den Hörern kognitive Dissonanzen, die Sie dann durch Ihre Argumentation wieder beseitigen, mindestens aber mindern müssen. Schon ein Tolerieren Ihrer Ansichten und Meinungen ist ein Erfolg, den Sie vielleicht im Moment nur als einen sehr bescheidenen ansehen mögen. Verbessern Sie deshalb durch ständiges Üben Ihre Argumentationsfähigkeit. Besonders die Abschnitte “Die Beweisführung (Argumentation)” und “Motiv – Motivation – Das Ansprechen der Motive” dieses Buches wollen Sie dabei unterstützen.

Seien Sie sich als Redner immer wieder bewußt, daß es auch Hörer gibt, *die immer nur das hören, was sie hören wollen; die immer nur das verstehen, was sie verstehen wollen.* Verzweifeln Sie nicht deswegen. Gegen solche Hörer haben Sie – trotz besten Bemühens um Verständlichkeit und Wirksamkeit – so gut wie keine Chance; vielleicht nur noch die: Lassen Sie – wenn möglich – einen anderen Redner für Sie sprechen. Das darf jedoch den Hörern nicht bekannt werden. Der Stellvertreterredner muß eine Person sein, die aus der Sicht der Hörer glaubwürdiger als Sie ist und es dadurch besser versteht, Ihre Informationen und Ansichten als die eigenen vorzubringen. Das setzt voraus, daß dieser Vertreter die Vorurteile und Interessen der Hörer sehr gut kennt. Glaubwürdiger ist der

Stellvertreterredner meistens, wenn er selbst die Eigenschaften der Gruppe besitzt und sich an den Normen der Gruppe orientiert, zu der sich die Hörer zählen. Ein Redner, der zu der Gruppe der Hörer gehört, ist wirksamer, als ein Redner, der außerhalb dieser Gruppe steht. Ein Redner, der gegen die Gruppennormen der Hörer X, Y, Z spricht, wird bei den Hörern X, Y, Z wenig Erfolg haben. Diese Hörer sagen dann nämlich nach der Rede: “Ich bin jetzt noch fester von dem überzeugt, wovon ich vor der Rede schon überzeugt war.”

Ihre Bemerkungen zum 7. und 8. Kapitel:

Literaturhinweise:

Laing, R. D./*Phillipson,* H./*Lee,* A. R.: Interpersonelle Wahrnehmung. Frankfurt am Main 1976
Niepold, Wulf: Sprache und soziale Schicht. Berlin 1970
Oevermann, Ulrich: Sprache und soziale Herkunft. Frankfurt am Main 1977
Dahrendorf, Ralf: Homo Sociologicus. Ein Versuch zur Geschichte, Bedeutung und Kritik der Kategorie der sozialen Rolle. 14. Aufl. Opladen 1974
Bernstein, Basil: Studien zur sprachlichen Sozialisation. Düsseldorf 1973
Bernstein, B./*Brandis,* W./*Henderson,* D.: Soziale Schicht, Sprache und Kommunikation. Düsseldorf 1973
Festinger, Leon: Theorie der kognitiven Dissonanz. (Hrsg.): *Irle,* Martin/*Möntmann,* Volker. Bern, Stuttgart, Wien 1978

9. Die sprechtechnischen Wirkungsmittel des Redners

9.1 Sprechausdrucksmittel

Rede ist immer ein auf bestimmte Art und Weise Geredetes:
- laut oder leise,
- schnell oder langsam,
- mit der Betonung dieser oder jener Silbe oder dieses oder jenes Wortes,
- einer Pause an dieser oder jener Stelle,
- freundlich, mürrisch, lustig, traurig, wütend, heiter, ironisch, zornig, höflich, zynisch . . .
- als Feststellung, Frage oder Aufforderung.

Diese Merkmale, die mit Hilfe der Atmung, Stimmbildung und Artikulation entstehen, bezeichne ich als *Sprechausdrucksmittel.* Artikulation ist die Formung der Sprachlaute durch die Sprechwerkzeuge. Die Inhalte Ihrer Rede, Ihre sprachlichen Merkmale und Sprechausdrucksmittel sind in Ihrer Rede untrennbar verknüpft. Aus diesem Bündel erschließt der Hörer das vom Redner Gemeinte. Das bedeutet für den Hörer: eine Rede verstehen.

Beispiel:
Ein Abteilungsleiter redet im Rahmen einer Mitarbeitertagung zum Thema: "Die Organisation des Arbeitsplatzes". Er sagt unter anderem: "Müssen Sie Ihre Arbeitsunterlagen abends auf dem Schreibtisch liegen lassen?"
Der Abteilungsleiter redet recht laut und schnell. Er legt die Betonung mehr auf die erste Silbe "Müs--" und läßt die Melodie zum Ende des Satzes hin fallen. Die Mitarbeiter werden wahrscheinlich keine Frage, sondern eine Aufforderung verstehen. Vielleicht bewerten die Mitarbeiter in ihren Folgehandlungen die Ausdruckshaltung ihres Chefs
a) insgesamt ("Warum ist der denn so motzig?")
b) durch Hinweise auf einzelne Merkmale ("Warum schreit der denn so?" "Sollte das eine Frage sein?").

Mit Hilfe von Sprechausdrucksmitteln drücken Sie als Redner (in unserem Beispiel der Abteilungsleiter) folgendes aus:

1. *Ihre Einstellung zum Gegenstand der Rede;* die Bedeutung eines Satzes/mehrerer Sätze und seinem/ihrem Stellenwert im Rahmen der gesamten Rede;
   (Der Abteilungsleiter hätte auch mit Betonung auf ". . . auf den Schreibtischen . . ." fragen können, um auszudrücken, daß es für die Arbeitsunterlagen noch andere Verwahrungsmöglichkeiten gibt.)
2. *Ihre Beziehung zu den Hörern;*
   (Der Abteilungsleiter zeigt, so wie er spricht, Überlegenheit. Er weiß das Recht auf seiner Seite, und das drückt er aus.)
3. *Ihre Absichten, also Erwartungen im Hinblick auf das Folgeverhalten der Hörer;*
   (Im Beispiel drückt der Abteilungsleiter aus, daß er keine Antwort erwartet. Er wünscht, daß die Mitarbeiter die Arbeitsunterlagen im Schreibtisch oder in den Schränken aufbewahren.)
4. *Ihre Befindlichkeit;* Ärger, Freude, Müdigkeit, Zufriedenheit, Resignation, Zorn, Wut, Gelassenheit; die Befindlichkeit hängt natürlich mit den Ziffern 1, 2 und 3 eng zusammen.

Zu den Sprechausdrucksmitteln Artikulation, Lautstärke, Sprechtempo, Sprechpausen, Betonung will ich nicht mehr sagen. Warum nicht?
Ich erlebe in meinen Rhetorikseminaren Teilnehmer, die Rednerschulen besucht haben. Diese Tatsache ist begrüßenswert. Sie zeigt, daß diese Menschen etwas unternommen haben. Schade nur, daß in manchen Rednerschulen der Schwerpunkt auf der sprechtechnischen Erziehung liegt. An diesen Instituten müssen wohl überwiegend Übungsleiter arbeiten, die vom Schauspiel kommen. Da wird stundenlang die Bauch-Zwerchfellatmung geübt. Da wird geübt, wie die Lippenstellung bei den Vokalen a, o, u, i, e zu sein hat. Da werden die Unterschiede zwischen den Geräuschlauten p, t, k, f, sch, s, z und

den Klanggeräuschen b, d, g herausgearbeitet. "Fischers Fritze fischte frische Fische." Mit diesen drastischen Äußerungen will ich nicht den Wert einer sprechtechnischen Ausbildung schmälern. Sie ist für Schauspieler, Sänger, Rundfunksprecher lebenswichtig. Aber doch nicht für Menschen, die im Alltag frei reden wollen! Nachrichten werden gelesen, Gedichte rezitiert, Dramen deklamiert; Märchen werden anders gesprochen als eine Proklamation. Menschen, an denen in Rednerschulen der Versuch einer überzogenen sprechtechnischen Ausbildung unternommen wurde, kommen vor lauter Achten auf die "richtige" Atemtechnik, auf die "richtige" Betonung, auf die "richtige" Stellung des Mundes, auf die "richtige" Aussprache nicht mehr zum freien Reden. Sie wirken unsicher, gehemmt, verkrampft, gekünstelt, theatralisch. Antrainierter Krampf bleibt Krampf, und als solchen empfinden ihn die Hörer auch instinktiv.

Zum Abschnitt "Sprechausdrucksmittel" ein paar lange in der Praxis erprobte Ratschläge, mit denen ich schon vielen Menschen helfen konnte und wahrscheinlich auch Ihnen helfen kann:

- Lassen Sie keine Gelegenheit aus, frei zu reden. Durch häufiges, freies Reden verlieren Sie nach und nach Ihre Angst vorm freien Reden. Eine gewisse Grundanspannung wird und muß bleiben, um etwas leisten zu können.
- Wenn Sie durch Tun diese Angst erst mindern und sich dann von ihr befreien, wird Ihr Atem gleichmäßiger und ruhiger. Ihnen stockt nicht mehr der Atem. Sie brauchen sich nicht um Atemtechnik zu kümmern. Sie reden, Ihr Körper atmet. Lassen Sie sich atmen!
- Durch mehr Sicherheit im freien Reden verbessert sich "automatisch":
  - *Ihre Aussprache.* Sie wird deutlicher. Sie nuscheln nicht mehr. Ihnen sitzt kaum noch ein Kloß im Hals; Ihnen schlägt das Herz nicht mehr bis zum Hals.
  - *Ihr Sprechtempo.* Es wird vielen Redesituationen angemessen sein. Sie jagen und hetzen sich nicht mehr, was

ja früher zur Folge hatte, daß Sie sich häufiger versprachen, steckenblieben, den roten Faden verloren.

- *Ihre Pausentechnik.* Die Sprechpausen stellen sich häufiger und von ganz allein an der passenden Stelle ein. Sie werden natürliche Pausen – die nur Sie bis jetzt als "zu lang" empfanden – nicht mehr durch "Äh's" oder andere Pausenfüller überbrücken, sondern die Pausen für die Weiterentwicklung des Gedankenganges nutzen. Kein Hörer verlangt von Ihnen, daß Sie wie ein Maschinengewehr reden. Im Gegenteil: Die Hörer brauchen Pausen-Zeit, um sich von Ihnen zu erholen, um ihren Gedanken nachhängen zu können. Die Hörer brauchen Pausen, um das was Sie sagen, verarbeiten und "verdrahten" zu können. Sie als Redner legen bestimmt keinen Wert darauf, daß alles in ein Ohr hinein- und am anderen sofort wieder hinausgeht. Die Hörer geben Ihnen Zeit. Nehmen Sie sie sich!

● Um mit Redewendungen aus der Reitersprache zu sprechen: Nehmen Sie sich nicht ständig an die Kandare. Halten Sie sich nicht ständig im Zaum; denn sonst spricht überwiegend nur Ihr Verstand. Lassen Sie auch die Zügel schießen. Lassen Sie sich los! Dann werden auch Ihre Gefühle sprechen. Ihre Rede wird lebendig. Sie müssen dann keine Wörter mehr unterstreichen, um sich zu erinnern, daß an diesen Stellen besonders betont werden muß. Lassen Sie sich gehen! Keine Bange: Die Gefahr ist sehr gering, daß Ihre "Pferde" mit Ihnen durchgehen. Wer sich läßt, wird gelassen, erlangt Gelassenheit, nicht Lässigkeit!

9.2 Dialekt – Hochsprache

"Als Schwabe, der nach Berlin kommt, ist es für mich tröstlich zu hören, daß meine Rede auch ins Deutsche übersetzt wird." (Das sagte Erhard Eppler zu Beginn einer internationalen Podiumsdiskussion in Berlin, zitiert in *"DIE WELT"*, vom 24. 9. 1970.)
"DER SPIEGEL" (Nr. 30/1982, S. 154 und 155) schreibt: "Erhard Eppler, 55, jüngst aus der baden-württembergischen Landespolitik ausgeschiedener Vorsitzender der Grundwertekommission der SPD, bewies bei einer Dialekt-Diskussion in Reutlingen (Thema: Mundart und Politik), daß er das Schwäbische differenziert einzusetzen weiß. 'Zwischenrufe auf schwäbisch haben den Vorzug, daß die meisten Stenographen sie nicht verstehen', meinte Eppler. 'Also, wenn einer irgendeinen Käse erzählt und ich sage: O du Lällabäbbel (Lällabäbbel = Depp, d.Red.), dann bin ich ganz sicher, daß ich keinen Ordnungsruf bekomme, weil schon der Präsident oben gar nicht weiß, was ein Lällabäbbel ist'. Anderes bringt der Schwabe Eppler lieber auch hochdeutsch: 'Im Prinzip könnte ich sogar das Grundwertepapier im Dialekt vortragen – nur, es würde lächerlich klingen'."
Die *"Kreiszeitung Herrenberger Nachrichten"* (Nr. 33/1982, vom 10. 2. 1982) zitiert in einem Artikel über diese Diskussion in Reutlingen unter anderem folgenden Redner: "Hans Peter Biege von der Landeszentrale für politische Bildung gab mit fast beschwörender Stimme den Zuhörern einen guten Rat: 'Emmer, wenn dia Politiker em Dialekt sprechat', warnte der promovierte Wissenschaftler, 'no basset uff!' ("Immer, wenn die Politiker im Dialekt sprechen, dann paßt auf!"; d.Verf.)."

Es ist nicht meine Absicht, das Thema Mundart und Politik zu vertiefen und mich mit dem Schwäbischen eingehender zu beschäftigen. Außer den Politikern, die Dialekt sprechen oder ihn ab und zu "einsetzen", gibt es ja noch Millionen Menschen, die Platt snacken, pfälzischredde . . .

Mit diesen Zitaten will ich vielmehr ein paar Fragen ansteuern, die das Thema “Dialekt – Hochsprache” grundsätzlich betreffen.

Dialekt (lat. = dialectos; griech. = diálektos = Ausdrucksweise) ist die Mundart einer regionalen Gruppe. Der Dialekt weicht in der Lautung, in den grammatischen Formen, im Wortschatz und im Satzbau stark von der Hochsprache ab. Unter *Hochsprache* verstehe ich sowohl die geschriebene als auch die überregional gesprochene Form des Deutschen. (Andere Bezeichnungen für “Hochsprache”, wie zum Beispiel: Schriftdeutsch, Hochdeutsch, Einheitssprache, Standardsprache, benutze ich nicht.) Eine Zensierung ist mit “Hoch . . .” (Hochsprache = 1 mit drei Sternen, Dialekt = 5–) nicht gemeint. Vor einer Tatsache dürfen wir jedoch nicht die Augen schließen: Der Dialekt ist nur für denjenigen eine Bereicherung, der die Hochsprache voll beherrscht und über den Dialekt zusätzlich verfügt. Derjenige, der nur auf den Dialekt angewiesen ist, wird durch ihn in der Ausschöpfung sprachlicher Möglichkeiten behindert.

Wir wollen die Vorzüge des Dialektes den Vorzügen der Hochsprache gegenüberstellen:

– Der Dialekt ist ursprünglich, urwüchsig, kraft- und saftvoll, gemütvoll. Er ist reich an konkreten Wörtern. Er bewahrt viele Wörter, die in der Hochsprache ausgestorben sind. Im Dialekt lassen sich Dinge sagen, Wahrheiten aussprechen, die in der Hochsprache “tödlich” klingen.

Der Schwetzinger SPD-Abgeordnete Karl Peter *Wettstein* hat 1980 das Wahlprogramm der SPD ins Kurpfälzische übersetzt. Zur Bildungspolitik fand er folgende Worte: “Die Kinna solle in eena Schul bleiwe, un in jedem Fach solle die Gscheide zu de Gscheide und die Schwache zu de Schwache.” Eine in Reutlingen der Diskussion zuhörende Rentnerin war ganz entzückt: “Endlich habe ich einmal begriffen, was eine Gesamtschule ist.” (31)

– Die Hochsprache ermöglicht eine mühelose Verständigung im ganzen deutschen Sprachraum.
– Die Hochsprache läßt sich in einer größeren Öffentlichkeit sprechen; der Dialekt nicht, weil man sonst nicht mehr von allen verstanden wird.
– Die Hochsprache ist in vielen Berufen unabdingbar erforderlich, um die sichere Verständigung auch mit Dialektsprechern zu gewährleisten.

Was geschähe, wenn ein Richter die Verhandlung im Dialekt führte, den die streitenden Parteien nicht verständen? Was geschähe, wenn ein Ingenieur die Bedienungsanleitung für eine Maschine in Friesisch schriebe?

– Die Hochsprache ist reicher an abstrakten Wörtern.
– Die Hochsprache läßt sich leichter in geschriebene Sprache umsetzen.

Wenn wir von Dialekt sprechen, müssen wir differenzieren. Die Vorstellung, alle "Ureinwohner" Frieslands, Hessens oder Bayerns sprächen gleichermaßen ausgeprägten (breiten) Dialekt, ist falsch. Unter "Dialekt" verstehen heute viele (fälschlicherweise) eine Mischung zwischen Dialekt und Hochsprache. Obwohl in jüngster Zeit die soziale Geltung des ausgeprägten Dialektes wieder zunimmt, wird in allen deutschen Bundesländern, in der größeren Offentlichkeit, im Geschäftsleben, im staatlichen Bereich eine Hochsprache mit Akzent und vielleicht einigen unverkennbaren Dialekteinschüben gesprochen. Diese mit bodenständiger Klangfärbung gesprochene Hochsprache ist aber im eigentlichen Sinn kein Dialekt.

Ein paar Ratschläge für diejenigen unter Ihnen, die

1. die Hochsprache mit schwacher bodenständiger Klangfärbung sprechen und keinen Dialekt beherrschen:
   Bleiben Sie in der Hochsprache. Treiben Sie mit dem Dialekt kein Schindluder. Bringen Sie möglichst keine Dialekteinsprengsel. Vor allen Dingen dann nicht, wenn Sie es nicht können. Benutzen Sie den Dialekt als Gag und Effekthascherei, erleiden Sie Schiffbruch! Dialektsprecher

unter Ihren Hörern haben ein feines Gespür. Sie empfinden die Ausflüge in den Dialekt oft als Anbiederei und Schulterklopferei. An den Dialektbrocken würden Sie noch lange zu kauen haben;

2. die Hochsprache mit starker bodenständiger Klangfärbung sprechen und keinen Dialekt beherrschen:
Bekennen Sie sich zu Ihrem Akzent. Er hindert Sie nicht am freien Reden. Man wird Sie aufgrund der Klangfärbung Ihrer Stimme ein Leben lang als Holsteiner, Hesse, Pfälzer, Schwabe, Franke, Bayer . . . identifizieren. Na und? Der "keimfreie" hochsprachliche Einheitsbrei wäre doch langweilig. Ab und zu treffe ich in meinen Rhetorikseminaren auf Menschen, die sich seit Jahren ihre bodenständige Klangfärbung wegzutrainieren versuchen und die vom Seminar den letzten akzentfreien hochsprachlichen Schliff erwarten. Wer unter Rhetorik so etwas versteht, findet nicht zur freien Rede. Er landet unweigerlich wieder beim wortwörtlich formulierten Manuskript und liest vor;
3. die Hochsprache mit starker bodenständiger Klangfärbung sprechen *und* Dialekt beherrschen:
Ich empfehle Ihnen das unter Ziffer 2. Gesagte. Zum Dialekt: Pflegen Sie ihn. Wo sprechen? Antworten soll hier – stellvertretend für alle Dialekte – der schwäbische Philosoph und Dichter Friedrich Theodor *Vischer* (1807–1887): ". . . , und frei nun / Stehst du, ein wählender Herr, über und im Dialekt, Meidest, wo er nicht paßt, und sprichst ihn, wo er / im Recht ist, / Unter den Deinen, im Haus, in dem befreundeten Kreis, . . ." (32)

10. Die sprachlichen Wirkungsmittel des Redners

10.1 Der Wortschatz

Der Wortschatz ist der verfügbare Wortvorrat einer Sprache. Die Schätzungen über die Anzahl der Wörter der deutschen Sprache gehen weit auseinander. Es werden Zahlen bis 400000 genannt. Bei seiner Verwendung unterscheidet man den aktiven und passiven Wortschatz.

“Der *passive Wortschatz* des Individuums: die Wörter, die einer versteht, gleichgültig, ob er sie benutzt oder nicht.
Der *aktive schriftliche Wortschatz:* die Wörter, die einer beim Schreiben verwendet – an Zahl immer geringer als der passive und meist größer als beim Sprechen. Für Shakespeare, Goethe, Woodrow Wilson, Churchill werden Zahlen um 20 000 genannt. Luther benutzte 8 000. Als Durchschnitt gelten 2 000 Wörter.
Der *aktive mündliche Wortschatz:* die Wörter, die einer beim Sprechen verwendet. Landarbeiter kommen mit 500 Wörtern aus, Adenauer soll weniger als 1 000 verwendet haben, mehr als 3 000 sind selten.” (33)

Bestimmt haben Sie sich nach dem Lesen dieser Zeilen gefragt: “Und wieviele Wörter verwende ich beim Sprechen?” “Wenn ich nun als Hauptabteilungsleiter vielleicht nur 800 benutze, bin ich dann spracharm, wenig verständlich und weniger wirksam?” “Muß ich nicht mindestens auf 1 500 kommen, um . . . ?” Vergessen Sie diese Zahlenspielerei und in dieser Beziehung den Landarbeiter und Konrad *Adenauer.* Wenn Ihr aktiver Wortschatz nicht nur aus ca. 200 Wörtern besteht (und das dürfte für Sie als Leser dieses Buches wohl nicht zutreffen), dann hängt Ihre Verständlichkeit und Wirksamkeit nicht von einer größeren Zahl ab.

Klaus *Birkenhauer* rät den Schreibern zum Thema Wortschatz: “Kein Zweifel – Ihr passiver Wortschatz, also Ihr Vorrat von

Wörtern, die Sie auf Anhieb verstehen, kann im Prinzip gar nicht groß genug sein; je größer er ist, umso leichter "kommen Sie mit", wenn jemand keine Rücksicht auf seine Hörer oder Leser nimmt.

Doch Ihren *aktiven Wortschatz,* den Sie selbst Tag für Tag benutzen, sollten Sie planmäßig verkleinern, wenn Sie mit Sicherheit verstanden werden wollen. Denn das führt nicht etwa zu einer Verarmung der Sprache (wie immer wieder einmal geklagt wird), sondern es *bereichert* die Kommunikation.

Unsere Sprache hat, wie jede Kultursprache, im Verlauf ihrer langen Entwicklung eine fast unüberschaubare Fülle von Wörtern in sich aufgenommen, die *über bestimmte Vorgänge oder Sachverhalte* genau das Richtige sagen. Es gibt praktisch für alles ein "treffendes Wort". Aber *wen* trifft solch ein "treffendes Wort"? Natürlich den jeweiligen, ganz bestimmten Vorgang oder Sachverhalt. Vom Hörer oder Leser ist überhaupt nicht die Rede, und mit Grund: an ihm schießt das "treffende Wort" sehr oft vorbei. Falls es nicht zu seinem passiven Wortschatz gehört, hat er Pech gehabt." (34)

Was sagen Sie unter rednerischen Gesichtspunkten hierzu? Diese Meinung hat Sie vielleicht schockiert, weil sie der landauf landab vertretenen Auffassung widerspricht, man müsse ständig Wörter aus dem passiven in den aktiven Wortschatz "hinüberbefördern", um ein guter Redner zu werden. Diese Auffassung verführte nicht wenige dazu, sich ein Lexikon mit sinnverwandten Wörtern (Synonyme) zu kaufen und dieses Wörterbuch auswendig zu lernen; nach dem Motto: aktiver Wortschatz mindestens gleich passiver Wortschatz, wenn nicht gar: aktiver Wortschatz größer als . . .

Schon in der Schule hat man uns be-(ge-)lehrt, daß man – nicht nur im Aufsatz – den Ausdruck wechseln solle. Das ist grundsätzlich richtig. Wenn ein Redner in jedem zweiten Satz "machen" (oder andere allgemeine Tätigkeitswörter, die Ludwig *Reiners* “tote Verben” nennt: sein, haben, sich befinden, liegen, es gibt . . .) verwendet: “Machen Sie einen Anfang!” “Machen Sie die Tür zu.” “Er machte häufig nach den USA.” “Das macht 24 Mark 80”, dann soll er seinen aktiven Wortschatz verbreitern. “Fangen Sie bitte an!” “Schließen Sie bitte die Tür.” “Er flog häufig in die USA.” (. . . und wenn in der Rede häufig die Rede von den USA ist, dann kann der Redner auch mal zur Abwechslung von “den Staaten”, von den “Vereinigten Staaten” sprechen).

Die zwanghafte Suche nach sinnverwandten Wörtern ist schlimm. “. . . sehr oft produziert sie Lächerlichkeit oder eine drastische und ärgerliche Erschwerung des Verständnisses . . . Überhaupt lauert in jedem Synonym das Risiko, daß es nicht total trifft (wie Lift und Fahrstuhl), sondern entweder eine andere Intensität ausdrückt (Wind-Sturm-Orkan) oder sich auf einer anderen Stilebene bewegt (Antlitz-Gesicht-Visage-Fresse). Genaugenommen gibt es kein Synonym für “Wind” und keins für “Gesicht”. “Die schlimmste Folge der Zwangsvorstellung, jeder Ausdruck *müsse* ausgewechselt werden, ist die Einbuße an Verständlichkeit.” (35)
“Lohnt sich denn dann noch – bei alldem was hier zum Wortschatz geschrieben wurde – der Kauf eines Synonym-Wörterbuches?” Ja, er lohnt sich, wenn Sie nach dem Motto arbeiten: Steter Tropfen höhlt den Stein. *Lesen* Sie jeden dritten Tag nur eine Seite in diesem Buch. Zeitaufwand: 2–3 Minuten. Pauken, büffeln Sie nicht: nur lesen. Wenn Sie das Buch durchgelesen haben, fangen Sie vorn wieder an, usw. usw. So bleiben Sie “wortschatzlich” fit, und die Wörter werden Ihnen spielerisch zuwachsen.

10.2 Die Hauptwörterei

Johann Christoph *Gottsched* soll vor über zweihundert Jahren das lateinische "Substantiv" in "Hauptwort" verdeutscht haben. Schade, daß er nicht dem Tätigkeitswort (Verb) diesen Vorzug gab und es Hauptwort taufte. Das Tätigkeitswort trägt die Aussage. Das *Hauptwort* (be-)steht für sich allein. Es bezeichnet

- als *konkretes Hauptwort* die wahrnehmbaren Dinge und Lebewesen: Sessel, Buch, Katze, Gold, Wein, Frau; aber auch Namen werden zu den konkreten Hauptwörtern gezählt: Donnerstag, Japan, Ostsee, Berlin, Lessing;
- als *abstraktes Hauptwort* das Gedachte, nur in der Vorstellung Existierende: Wille, Freund*schaft*, Liebe, Haß, Haf*tung*, Frei*heit*, Heiter*keit*, Funk*tion*, Brauch*tum*, Schick*sal*, Wag*nis*, Marxis*mus*.

Auf die Tätigkeitswörter entfällt knapp ein Viertel unseres Wortvorrates. Mehr als die Hälfte der Wörter sind Hauptwörter. Wir brauchen Hauptwörter. Regel für den Redner: Geize mit den abstrakten Hauptwörtern; besonders mit denen auf -ung, -heit und -keit endenden.

Wir Deutschen leiden jedoch an einer Stil-Krankheit, der *Hauptwörterseuche*. "Als Hauptwörterseuche bezeichnet man nur jenen Stil, der auch Handlungen in Hauptwörter zwängt und daher ein Übermaß von Hauptwörtern enthält." (36) Ludwig *Reiners* bringt ein lustiges Beispiel:
"Bekanntlich hat Cäsar nach einer Schlacht die Botschaft nach Rom gesandt: *Ich kam, sah, siegte*. Nehmen wir an, er hätte geschrieben: *Nach erfolgter Ankunft und Besichtigung der Verhältnisse war mir die Erringung des Sieges möglich.*" *Reiners* rät: "Handlungen soll man durch Verben ausdrücken! Das Verbum ist das Rückgrat des Satzes. Zwingt man die Handlung in ein Hauptwort, so bricht man dem Satz das Rückgrat. Er wird schlaff, schwunglos, langweilig, unanschaulich." (37)
Wolf *Schneider* schreibt:" 'Verben verstecken' ist das bei wei-

tem dümmste Spiel, das man mit der Sprache treiben kann. Das Verb tritt immer an prominenter Stelle auf. Niemals sollten wir ein Substantiv verwenden, wo ein Verb denselben Dienst versieht." (38)
Die Hauptwörterseuche tritt in verschiedenen Formen auf. "Die einfachste Spielart der Hauptwörterkrankheit sind die Streckverben. Jedes Verbum kann man auseinander strecken, indem man das Verbum in ein Hauptwort verwandelt und ein farbloses Zeitwort hinzufügt." (39)
Beispiele für das von *Reiners* erfundene Wort "Streckverben" findet man in Hülle und Fülle: Dank abstatten, meinem Bedauern Ausdruck geben, in Erwägung ziehen; statt: danken, bedauern, überlegen.

Eine andere Form der Hauptwörterseuche sind die Hauptwörter, die auf -ung enden. Zum Beispiel: Durchführung, Außerkraftsetzung. Diese Hauptwörter sind aus Verben gebildet und bergen, ja verbergen eine Handlung. Wenn wir Hauptwörter, besonders die auf -ung, in einem Übermaß gebrauchen, reden und schreiben wir einen Hauptwörterstil (Nominal- oder Substantivstil): und der macht Schreibe und Rede abstrakt! Passen Sie besonders bei den Satzanfängen auf. "Wer seine Sätze mit gängigen Wendungen einleitet, kann gar nicht anders, als an die substantive Einleitung neue Substantive anzuschließen.

Nominale Satzanfänge . . .	*zwingen zur nominalen Fortsetzung*
Voraussetzung für . . .	die Erhaltung des Friedens . . .
Die Notwendigkeit der . . .	Verlagerung der Fertigung . . ." (40)

10.3 Das Tätigkeitswort

Das Tätigkeitswort (Verb) ist das Wort der Tat. Es ist das aussagekräftigste und lebendigste Wort unserer Sprache. Deshalb: Lassen Sie die Tätigkeitswörter leben, und Ihre Rede wird lebendig.

Das Tätigkeitswort

- richtet sich nach den handelnden Personen; zum Beispiel: *Ich spreche, du sprichst,* er, sie, es . . .
- gibt die Zeiten wieder;
  - die Gegenwart (Präsens), zum Beispiel: *Ich spreche.*
  - die Vergangenheit;
    1. Vergangenheit (Imperfekt), zum Beispiel: *Ich sprach.*
    2. Vergangenheit (Perfekt), zum Beispiel: *Ich habe gesprochen.*
    3. Vergangenheit (Plusquamperfekt), zum Beispiel: *Ich hatte gesprochen.*
  - die Zukunft;
    1. Zukunft (Futur I), zum Beispiel: *Ich werde sprechen.*
    2. Zukunft (Futur II), zum Beispiel: *Ich werde gesprochen haben.*
- drückt die Wirklichkeits-, Möglichkeits- und Befehlsform aus;
  - Wirklichkeitsform (Indikativ), zum Beispiel: *Er spricht den Text.*
  - Möglichkeitsform (Konjunktiv), zum Beispiel: *Er sagt, er habe den Text gesprochen.*
  - Befehlsform (Imperativ), zum Beispiel: *Sprich den Text!*
- gibt die Tatform und Leideform wieder;
  - Tatform (Aktiv) zum Beispiel: *Er spricht den Text.*
  - Leideform (Passiv), zum Beispiel: *Der Text wurde gesprochen.*

Einige Worte noch zur Möglichkeitsform, der Tat- und Leideform:

Die Möglichkeitsform

Sie bereitet – besonders bei der indirekten Rede – oft Schwierigkeiten, deshalb ein Streifzug durch die Grammatik. Die Möglichkeitsform wird unterschieden in

Möglichkeitsform I und
Möglichkeitsform II.

Die *Möglichkeitsform I* wird von der Gegenwart (Präsens) abgeleitet. Die Möglichkeitsform I wird benutzt bei

a) *der indirekten Rede*

Beispiel:

Indirekte Rede:	Direkte Rede:
Er antwortete ihm, er müsse mehr laufen, wenn er fit bleiben wolle.	Er antwortete ihm: "Du mußt mehr laufen, wenn du fit bleiben willst."

Die Möglichkeitsform I der indirekten Rede drückt aus,

– daß ein anderer (daß andere) etwas gesagt oder geschrieben hat (haben);
– daß ich den/die anderen nicht (wort-)wörtlich zitieren kann oder möchte;
– daß ich mir über die Richtigkeit des Gesagten/Geschriebenen nicht sicher bin.

Ratschlag:

Lange Passagen indirekter oder direkter Rede ermüden die Hörer. Deshalb: Verwenden Sie abwechselnd beide Möglichkeiten.

b) *Aufforderungen*

Beispiele:

Sei bitte ruhig. Man schneide den Stoff in Streifen.

Zu beachten ist:

– Die meisten Tätigkeitswörter haben die Möglichkeitsform I *nur in der 3. Person Einzahl* (er, sie, es gebe);
– das Wort "haben" hat die Möglichkeitsform I *nur in der 2. und 3. Person Einzahl* (du habest; er, sie, es habe);
– die Tätigkeitswörter "müssen, können, mögen, sollen, wollen" haben die Möglichkeitsform I *nur in der 1., 2. und 3. Person Einzahl* (ich müsse; du müssest; er, sie, es müsse).

Nur

– das Tätigkeitswort "sein" hat die Möglichkeitsform I *in allen Personen Einzahl und Mehrzahl* (er antwortete ihm, ich sei (wir seien) traurig);

- bei einigen Tätigkeitswörtern lautet die Wirklichkeitsform (Indikativ) und die Möglichkeitsform I gleich.

Beispiel:
"Ich sagte, ich habe Hunger." Das ist aber die Wirklichkeitsform. Deshalb muß in diesem Fall die Möglichkeitsform I durch die Möglichkeitsform II ersetzt werden: "Ich sagte, ich hätte Hunger."

Die Möglichkeitsform II (Irrealis) wird von der Vergangenheit I (Imperfekt) abgeleitet. Die Möglichkeitsform II drückt eine Unmöglichkeit oder ein Nichtvorhandensein aus.
Beispiele:
hätte, wäre, gäbe, sänge, klänge . . . Er käme frei, wenn er seine Unschuld bewiese. Wenn die Partei die 5%-Hürde überspränge, säße Frau A als Abgeordnete im Parlament.
Nach *als ob* muß immer die Möglichkeitsform II folgen. Beispiel: Sie handelten so, als ob wir für sie Luft wären.
Die Möglichkeitsform II kann bei jedem Tätigkeitswort auf zwei Weisen gebildet werden:

- durch Beugung des Tätigkeitswortes (ich ginge, sie gingen; ich sänge, sie sängen; ich käme, sie kämen) oder
- mit dem Hilfszeitwort *würde* (ich würde gehen, wir würden gehen; ich würde singen, wir würden singen; ich würde kommen, wir würden kommen).

Regel:
In Bedingungssätzen mit oder ohne "wenn" darf kein "würde(n)" erscheinen!
Es darf nicht heißen: "Wenn die Teilnehmer pünktlich kommen würden, könnten wir anfangen." Oder: "Würden die Teilnehmer pünktlich kommen, könnten wir anfangen."
Es muß heißen: "Wenn die Teilnehmer pünktlich kämen, könnten wir anfangen." Oder: "Kämen die Teilnehmer pünktlich, könnten wir anfangen."

Leider wird die Möglichkeitsform II immer häufiger mit *würde(n) gebildet. (Ich würde mich freuen, wenn wir uns bald wieder treffen würden.)*

In den letzten Jahren muß noch eine Würde-Seuche ausgebrochen sein. Redner leiten Sätze mit folgenden Worten ein: "Ich würde vorschlagen, . . .", "Ich würde meinen wollen, daß . . .", "Ich würde (dazu) sagen, daß . . .", "Ich würde meinen, . . .", "Wir würden Ihnen empfehlen, . . .".

Psychologisch gesehen, sind diese Floskeln Anlaufwendungen. Der Redner *nimmt Anlauf* und überlegt inzwischen, was er sagen will. Vielleicht weiß er es im Moment wirklich noch nicht. Gut – geben wir ihm ab und zu etwas Zeit. Vielleicht weiß er, was er sagen will, er möchte es nur nicht *so direkt* aussprechen. Vielleicht will der Redner bescheiden wirken und seine Meinung ohne Absolutheitsanspruch vortragen; vielleicht will er aus taktischen Gründen seine Ansichten verpakken. Gut – erlauben wir ihm einige Vorreiter-Floskeln. Wir wollen ja nicht von einem Extrem ins andere fallen.
Schlimm ist es, wenn der Redner diese Anlaufwendungen *sehr häufig* und *gedankenlos* gebraucht. Die Folgen: Der Redner wirkt unvorbereitet, distanziert, unsicher, unentschlossen, wenig entscheidungsfreudig, wenig von sich und der Sache überzeugt; er wirkt nicht bescheiden, sondern eher unterwürfig.

Natürlich erleben Sie Situationen, in denen Sie sich nicht festlegen *dürfen, wollen* oder *können.* Diese Situationen sind Ihnen hoffentlich bewußt. Wenn Sie dann bewußt sprachlich so kurven, wissen Sie auch, was Sie tun und was daraus folgt.
Prüfen Sie immer wieder, ob Sie mehr in der Wirklichkeitsform oder mehr in der Möglichkeitsform sprechen. Reden Sie direkt, wenn Sie überzeugen wollen! "Getretner Quark wird breit, nicht stark." (41) "Ich (Wir) schlage(n) vor, . . .", "Ich meine, . . .", "Wir empfehlen Ihnen, . . ."; die direkte Sprache geht mehr unter die Haut!

Wenn in meinen Rhetorikseminaren über die mit *würde* und mit *könnte, möchte, müßte(n)* gebildeten Floskeln diskutiert wird, sagen besonders süddeutsche und österreichische Teilnehmer: “Wir sprechen und schreiben häufig so, weil wir nicht nur besonders freundlich und höflich sein wollen, sondern es auch sind!” Den “Süd- und Nordlichtern” antworte ich: “Das ist ein Alibi, eine Schutzbehauptung aus Scheu vor direkten Formulierungen. Weil Sie direkte Aussagen mit einem Brutal- und Telegrammstil gleichsetzen und damit verwechseln.” Ich telefoniere mit einer Sekretärin und sage: “Guten Tag, Frau X, könnten Sie mich vielleicht mal bitte mit Herrn Y verbinden?” Ich kann auch sagen: “Guten Tag, Frau X, verbinden Sie mich bitte mit Herrn Y?!” Das kann auch freundlich klingen. Der Ton macht nicht nur im Gespräch, sondern auch in der Rede die Musik!

Die Tat- und Leideform

Das Tätigkeitswort ist nur in der Tatform quicklebendig. In der Leideform (bitte nicht an Schmerzen denken!) fehlt es ihm an Saft und Kraft. Die Leideform kann man nur mit dem Hilfszeitwort *werden* bilden.
Beispiel:
Ein Verkaufsleiter spricht zu Verkäufern. Er sagt: *“Wir haben* im letzten Vierteljahr besonders hart *gearbeitet,* um das Umsatzziel noch zu erreichen.” Ein anderer Verkaufsleiter sagt: *“Es wurde* im letzten Vierteljahr besonders hart *gearbeitet,* um das Umsatzziel noch zu erreichen.”
Sie erkennen die Schwächen der Leideform aus der letzten Aussage:
– Die Handelnden bleiben ungenannt.
– Der Redner wirkt unpersönlich und distanziert.
Daraus folgt:
● Reden Sie mehr in der Tatform!
● Benutzen Sie die Leideform nur, wenn der Handelnde (die Handelnden) unwichtig ist oder absichtlich verschwiegen werden soll(en).

10.4 Das Eigenschaftswort

Mancher Redner leidet an der Zwangsvorstellung, vor jedem Hauptwort befände sich eine Lücke, und die müsse er mit einem Eigenschaftswort (Adjektiv oder Beiwort) schließen. Notwendig ist das Eigenschaftswort nur,

– wenn es unterscheiden hilft; zum Beispiel: das *weiße* Auto; man sieht ja auch rote, gelbe . . .
– wenn es bewerten hilft; zum Beispiel: ein *lesenswertes* Buch.

Hüten Sie sich vor Eigenschaftswörtern, die nicht mehr unterscheiden, bewerten und charakterisieren, sondern bloß noch schmücken sollen: das Hauptwort und den Stil des Redners. Was halten Sie von *vollendeten* Tatsachen, *unausbleiblichen* Folgen, *bitterem* Ernst, *aufrichtigem* Beileid, *echtem* Anliegen?

10.5 Fachausdrücke

1972 hörte ich einem EDV-Fachmann zu. Er sprach vor Kölner Bauunternehmern über das Thema: "Der Einsatz der elektronischen Datenverarbeitung in Klein- und Mittelbetrieben". Der Redner sagte unter anderem: "Die Peripherie, meine Herren, ist genauso wichtig wie . . ." Für die Hörer war die EDV kein völliges Neuland. Bei *Peripherie* sprachen jedoch die Blicke Fragezeichenbände: Die Mehrzahl der Hörer dachte wohl an den Kölner Stadtrand. Der Redner hätte auch sagen können: "Peripherie, meine Herren, das sind die Geräte, mit denen die Daten gespeichert, ein- oder ausgegeben werden. Der Drucker, der Daten ausdruckt, ist zum Beispiel ein Peripheriegerät."

Jeder Beruf hat sein Fachchinesisch. Jeder, der über Fachthemen spricht, kann auf Fachausdrücke nicht verzichten. Fachausdrücke sind Begriffe, mit denen sich Fachleute schnell und mühelos verständigen. Anders sieht es aus, wenn Fachleute zu Laien sprechen. In diesem Fall errichten Fachausdrücke Verständigungsbarrieren. Der Fachausdruck ist weder gut noch böse. Das Übel liegt in seiner nicht auf die Hörer bezogenen Anwendung. Laien *absichtlich* Fachausdrücke um die Ohren zu schlagen, um Statusunterschiede auszubauen, ist keine Stärke, sondern Schwäche. Wenn Sie vor Fachfremden reden, prüfen Sie:

– Welche Fachausdrücke sind entbehrlich?
– Erkläre ich notwendige Fachausdrücke?

10.6 Fremdwörter

"Raymond Barre, 52, französischer Premierminister, mußte öffentlich bekennen, daß ein Gesetz wegen der Einfallslosigkeit der zuständigen Behörden nicht zur Zufriedenheit erfüllt werden konnte. 1975 hatte die Regierung beschlossen, Fremdwörter aus dem französischen Sprachgebrauch zu verbannen. Jetzt veröffentlichte der amtliche "Staatsanzeiger" eine von Barre unterzeichnete Notiz, in der es heißt, man habe für die Wörter Spaghetti, Beefsteak, Toast, Sandwich, Blue jeans und Shorts keine zufriedenstellende französische Übersetzung finden können." (42)

Lachen Sie nicht über die Franzosen. Kehren wir vor unserer Tür. Der Kampf gegen die Fremdwörter ist so alt wie der Kampf gegen die Fremden. Im 17. und 18. Jahrhundert wurden in Deutschland Sprachgesellschaften gegründet, die gegen das Überhandnehmen von Fremdwörtern antraten. Mit ihren Verdeutschungen bescherten sie uns Wörter, wie zum Beispiel: "Gesichtserker" für "Nase". Der Braunschweiger Pädagoge, Sprachforscher und Verleger Joachim Heinrich *Campe* veröffentlichte 1801 ein "Wörterbuch zur Erklärung und Verdeutschung der unserer Sprache aufgedrungenen Ausdrücke" mit etwa 3400 Verdeutschungsvorschlägen.

So übersetzte er "Bonbons" in "Süßbriefchen". Viele seiner Verdeutschungen waren totgeborene Kinder. Einige Deutschwortkinder entwickelten sich prächtig. "Erdgeschoß", "Festland" zum Beispiel benutzen wir heute noch.

Viele Fremdwörter haben sich bei uns eingebürgert und sich auch international durchgesetzt. Die Verdeutschungsversuche jedoch laufen weiter, nicht fanatisch wie vor 1945 – und Gott sei Dank bei uns (noch) nicht mit Hilfe von Regierungsverordnungen. Wissen Sie eine brauchbare Verdeutschung für "Spaghetti", für "Blue jeans", "Moped" oder für "Videorecorder"? Vielleicht *Teigbandwurmnudeln, Blaustoffhosen, Kleinstmotorrad* oder *Gerät zur Aufnahme und Abgabe von Bild-Tonsignalen?* Beenden wir das Spielchen. Lassen Sie sich die Spaghetti weiterhin schmecken; ziehen Sie Jeans an, wenn Sie wollen; fahren Sie Moped; kaufen Sie einen Videorecorder oder nicht. Ein Reporter des Süddeutschen Rundfunks fragte im Juli 1982 vor einem Kaufhaus Frauen, was sie sich im Sommerschlußverkauf gekauft hätten. Eine Käuferin antwortete: "Ä Tieschörtle." (Ein T-shirt, d.Verf.) So kann man auch das Dauergebot "Du sollst keine Anglizismen gebrauchen!" erfüllen! Ob bei der Lufthansa die *Flugbegleiterin* siegen wird? Auf die Antwort bin ich gespannt. Noch hat die *Stewardeß* nicht verloren!

Vorschlag zur Redepraxis:

- Seien Sie weder Fremdwortfeind noch Fremdwortfreund.
- Seien Sie sparsam mit Fremdwörtern.
  Wer Fremdwörter benutzt, um sich mit ihnen zu brüsten, um sich einen geistreichen Anstrich zu verleihen, der redet geschwollen, geziert, gedrechselt, hochgestochen; und wenn dazu der Redner die Fremdwörter nicht verstanden hat und sie an die falsche Stelle setzt, dann sind Fremdwörter Glücksache!

Für Geld kann man sich vieles kaufen, jedoch nicht alles. Neureichs gehen in die Oper. Sagt sie zu ihm: "Du, hier sieht man aber schöne Toiletten." Brummt er: "Ich rieche gar nichts."

10.7 Die Redefiguren (rhetorische Figuren)

Nehmen wir an, Sie und Ihre Ehefrau seien Mitglieder eines Kegelklubs. Weil man Sie für besonders vertrauenswürdig hielt, wählten die Kegelschwestern und -brüder Sie zum Kassenwart. An einem Abend des Jahres müssen Sie über den Kassenstand berichten. Ihre Frau konnte nicht mitkommen, weil sie Grippe hatte. Sie beginnen Ihre Rede: "Bevor wir über die Finanzen reden, liebe Kegelschwestern, liebe Kegelbrüder: meine bessere Hälfte läßt Sie herzlich grüßen. Sie wäre heute abend gern dabei gewesen. Leider . . ." Ob unbewußt oder bewußt: Mit *besserer Hälfte* gebrauchten Sie eine *Metonymie* für "meine Frau". Die Metonymie ist eine *Redefigur.* Es gibt noch andere Redefiguren. Die Redefigur ist eine vom normalen Sprachgebrauch bewußt abweichende Redewendung zur Belebung der Rede. Die Lehre von den Redefiguren wurde entwickelt von der antiken Rhetorik.

Wenn Sie weniger abstrakte und mehr bildhafte Wörter benutzen, können sich Ihre Hörer etwas vorstellen, sich ein Bild machen. Mit den Wörtern kommen die *Bilder,* die gedanklichen Vorstellungen. Einige die freie Rede belebende Figuren will ich hier beschreiben:

Die Metapher

ist ein sprachlicher Ausdruck, bei dem ein Wort (oder eine Wortgruppe) aus seinem eigentlichen Bedeutungszusammenhang in einen anderen übertragen wird. Die Metapher ist die meistverwendete Redefigur. Beispiele: der Irrgarten ihrer Gedankengänge, die Sturzflut der Ideen, die Blüten ihrer Phantasie, das Salz in der Suppe der Vorschläge, die Flaute in den Geschäftsbeziehungen.

Die Metonymie

– eine Verwandte der Metapher – ist eine Umbenennung. Der Redner gebraucht ein Wort im übertragenen Sinn für einen verwandten Begriff. Beispiele: *Regierung* für *Eltern, Penne* für *Schule, Spreeathen* für *Berlin, Eidgenossenschaft* für *Schweiz, Blätterwald* für *Zeitungen, Zeitschriften; Auge des Gesetzes* für *Polizei*.

Die Synekdoche

– ebenfalls eine Verwandte der Metapher –: Ein Teil steht für das Ganze. Beispiele: *Paragraphen* für *Gesetze, Röhre* für *Fernsehapparat*.

Das Gleichnis

ist eine Ausdrucksform, die eine Vorstellung durch den Vergleich mit einer zweiten aus einem andern, meist gegenständlichen Bereich anschaulicher und eindringlicher macht, wobei beide Vorstellungen in einem wesentlichen Punkt zusammenfallen. Beispiele: Die Nachricht von seiner Entlassung traf uns wie ein Blitz aus heiterem Himmel. Eher geht ein Elefant durchs Nadelöhr, als daß auf der Erde alle Waffen vernichtet werden. "Denn wie nicht alle Äcker Frucht tragen, die bebaut werden, und die Verse des Accius falsch sind: "Auch wenn gute Saat in einen schlechten Acker gesenkt wird, / so wird sie doch kraft ihrer eigenen Natur emporblühen" – so bringen auch nicht alle Seelen die Frucht ihrer Bearbeitung. Und, um bei demselben Gleichnis zu bleiben: wie ein Acker, auch wenn er fruchtbar ist, ohne Pflege keine Frucht tragen kann, so auch die Seele nicht ohne Belehrung. Jedes ist ohne das andere wirkungslos." (43)

Die Anapher

ist eine Wiederholung des Anfangswortes / der Anfangswörter in aufeinanderfolgenden Sätzen. Beispiel: "*Wir wünschen* Ihnen Erfolg. *Wir wünschen* Ihnen Glück. *Wir wünschen* Ihnen Zufriedenheit."

Das Beispiel

ist ein Muster. Es will anschaulich-praktisch verdeutlichen. Auf die Frage, warum Sterne nicht zusammenstoßen, obwohl sie mit 100000 Stundenkilometern durch das Weltall rasen, antwortet Heinz *Haber:* "Das Weltall ist so unvorstellbar groß, daß die Sterne mehr als genügend Platz zum Tummeln haben. Ein Beispiel verdeutlicht dies: Könnten wir die Sterne auf die Größe von Kirschen reduzieren, wäre der mittlere Abstand zwischen ihnen immerhin noch 1000 Kilometer. So leer ist das Weltall: Etwa eine Kirsche in jeder größeren Hauptstadt Europas!" (44)

Das Sprichwort

ist ein im Volksmund umlaufender kurzer Spruch, der in behauptender Form eine Lebenserfahrung enthält. Beispiele: "Wer nicht tanzen kann, schimpft auf die Kapelle." (Polnisches Sprichwort) "Jeder braucht ein Ohr, in das er jammern kann." (Portugiesisches Sprichwort) "Der Redner ist einer, der bewirkt, daß die Menschen mit den Ohren zu sehen vermögen." (Arabisches Sprichwort) "Es gehen viele Reden in einen Wollsack", "Es muß ein guter Sprecher sein, der einen Schweiger verbessert", "Zwei können zu gleicher Zeit singen, aber nicht zu gleicher Zeit reden." (Deutsche Sprichwörter)

Das Zitat

ist eine wörtlich wiederholte Stelle aus einem Text, den ein anderer geschrieben oder gesprochen hat. Manche Zitate sind Sprichwörter geworden. Beispiel: "Was man schwarz auf weiß besitzt, kann man getrost nach Hause tragen." (. . . sagt der Schüler zu Mephisto in *Goethes* "Faust" I)

Einige Hinweise zum Zitieren in der freien Rede:

- Wiederholen Sie *wörtlich!* Kein Zitat zurechtzimmern, um es mundgerecht zu machen. Mißbrauchen Sie es nicht!
- In der freien Rede genügt es, wenn Sie sagen: *Ich zitiere XY, der in seinem Buch (Aufsatz, Artikel, Roman . . .) Titel: . . . geschrieben hat:* jetzt folgt die wörtliche Wiedergabe! Oder: *Ich zitiere Franz Josef Strauß, der am 28. Mai 1976, während einer Tagung des Politischen Clubs der Evangelischen Akademie Tutzing in einer Rede über das Thema "Das Verhältnis von Programm und Pragmatismus in der politischen Praxis" unter anderem folgendes gesagt hat: . . .*

  In der freien Rede müssen Sie den Verlag, die Auflage, den Erscheinungsort und das Erscheinungsjahr und die Ziffer der Seite nicht angeben. Es kann jedoch nicht schaden, sich diese Daten im Stichwortmanuskript zu notieren. Lesen Sie das Zitat vor, damit Ihnen keine Fehler unterlaufen. Die Ausdrücke "Zitat Anfang" und "Zitat Ende" brauchen Sie nicht zu benutzen, wenn Sie vor und nach dem Zitat eine längere Pause setzen. Außerdem heben Sie ja nach dem Vorlesen des Zitates den Kopf. Das ist ein zusätzliches Zeichen für "Zitat Ende".

- Zitieren Sie sparsam!
- Zitieren Sie, um Ihre Überlegungen zu untermauern und zu veranschaulichen. Wenn Sie meinen, daß jemand Ihre Gedanken gut, ausgezeichnet oder brillant formuliert hat, dann ist es unnötig, noch einmal zu formulieren. Zitieren Sie.

Die rhetorische Frage

ist eine vom Redner gestellte Frage, auf die er von den Hörern keine Antwort erwartet. Beispiel: ". . . und ich frage: Wie lange soll denn das noch so weitergehen?"

Es können auch mehrere rhetorische Fragen nacheinander folgen. Die Fragen müssen jedoch inhaltlich zusammenhängen und sich steigern. Beispiel: "... und ich frage: Wie lange soll denn das so weitergehen? Wie lange wollen wir uns das noch gefallen lassen? Was können wir tun, um das zu beenden?"

Die rhetorische Frage erhöht die Aufmerksamkeit und das Interesse der Hörer. Die Hörer antworten in ihren Köpfen auf Ihre Fragen. Mit der rhetorischen Frage "fordern" Sie die Hörer zum Nachdenken oder zu einer nach der Rede folgenden Handlung auf. Wenn Sie eine rhetorische Frage besonders lautstark und eindringlich betont stellen und nach der Frage eine zu lange Pause setzen, kann Ihnen folgendes passieren: Ein Hörer antwortet tatsächlich. Rat: Nicht erschrecken; den antwortenden Hörer nicht als Störenfried empfinden und behandeln. Danken Sie dem Hörer und/oder bieten Sie an, mit ihm in der anschließenden Diskussion über diesen Punkt zu sprechen. Sollte keine Diskussion vorgesehen sein: Vieraugengespräch vorschlagen. Noch ein Tip: Wenn Sie es mit der Redefigur "rhetorische Frage" übertreiben, reiten Sie sie zu Tode. Sie erreichen das Gegenteil vom Angestrebten: der Hörer fühlt sich unterfordert, belehrt. Eine rhetorische Frage können *Sie* jedoch beantworten. In diesem Fall führen Sie während des Monologes mit sich zeitweise einen "Dialog". Dieser "Dialog" ist ein fingiertes Frage- und Antwortspiel (Dialogismus). Er weckt oder erhöht die Spannung. Beispiel: "Mit welchen jährlichen Folgekosten müßten wir rechnen, wenn wir das Schwimmbad bauten? Es wären 60000 Mark pro Jahr."

Mit dem fingierten Dialog lassen sich auch Einwände vorwegnehmen und beantworten, die Hörer mit hoher Wahrscheinlichkeit in anschließenden Diskussionen vorbringen. Beispiel: "... und nun werden Sie wahrscheinlich fragen: Lohnt sich dieser Aufwand? Meine Damen und Herren, er lohnt sich; denn 1.; 2.; 3.; 4.; ..."

10.8 Der Satzbau

"Der Franzose reiht seine Gedanken . . . an einander . . . Der Deutsche hingegen flicht sie in einander, zu einer verschränkten und abermals verschränkten und nochmals verschränkten Periode, weil er sechs Sachen auf ein Mal sagen will, statt sie eine nach der anderen vorzubringen." (45)

"Zu § 13:

a) Durch die Änderung des bisherigen Abs. 5 des § 13 KWG, der als neuer Absatz 6 die hälftige Anrechung von Bürgschaften, Garantien und sonstigen Gewährsleistungen für andere gegenüber dem bisher geltenden Recht einschränkt, durch die Einbeziehung weiterer Geschäfte in den Kreditbegriff nach § 19 Abs. 1 Satz 1 Nr. 1 und 5 KWG, durch die erweiterte Zusammenfassung von Krediten nach § 19 Abs. 2 Nr. 3 KWG und durch die Bestimmung der Kreditnehmereigenschaft gemäß § 19 Abs. 3 1. Halbsatz KWG kann beim Inkrafttreten des Zweiten Gesetzes zur Änderung des Gesetzes über das Kreditwesen am 1. Mai 1976 der Fall eingetreten sein, daß der einem bestimmten Kreditnehmer oder einer nach § 19 Abs. 2 KWG als ein Kreditnehmer zu behandelnden Personen- oder Unternehmensmehrheit gewährte Kredit bei der Anwendung des § 13 KWG mit einem höheren Betrag als nach dem bis zum 30. April 1976 geltenden Recht anzurechnen ist."

Dieser Schachtelsatz enthält 105 Wörter! Man könnte meinen, hier habe ein Verfasser eine Parodie auf den Behördenschreibstil des 19. Jahrhunderts getextet. Irrtum! Dieses Satzungeheuer ist keine übersteigerte Nachahmung stilistischer Eigenheiten. Es stammt aus einem Brief, geschrieben 1976. "Bestimmt schreiben einige noch so, aber in einer Rede hört man solche Satzmonster nicht", werden Sie einwenden. Einverstanden. Es sei denn, ein Redner schreibt Bandwurmsätze ins Manuskript und liest sie dann vor. Das ist jedoch keine freie Rede.

Was rät Kurt *Tucholsky* einem *schlechten* Redner? "Sprich mit langen, langen Sätzen – solchen, bei denen du, der du dich zu Hause, wo du ja die Ruhe, deren du so sehr benötigst, deiner Kinder ungeachtet, hast, vorbereitest, genau weißt, wie das Ende ist, die Nebensätze schön ineinandergeschachtelt, so daß der Hörer, ungeduldig auf seinem Sitz hin und her träumend, sich in einem Kolleg wähnend, in dem er früher so gern geschlummert hat, auf das Ende solcher Periode wartet . . . nun, ich habe dir eben ein Beispiel gegeben. So mußt du sprechen . . . Du mußt alles in die Nebensätze legen. Sag nie: "Die Steuern sind zu hoch." Das ist zu einfach. Sag: "Ich möchte zu dem, was ich soeben gesagt habe, noch kurz bemerken, daß mir die Steuern bei weitem . . ." So heißt das." (46)
Diese ironischen Äußerungen heißen im Umkehrschluß für den guten Redner:
– Sprich mit kurzen Sätzen.
– Verstecke nichts in Nebensätze. Hauptsachen in Hauptsätze.
Einem *guten* Redner schlägt *Tucholsky* vor: "Hauptsätze. Hauptsätze. Hauptsätze." (47)

Tucholskys empfehlenswerte Ratschläge dürfen Sie jedoch in der Redepraxis nicht so heiß essen, wie er sie gekocht hat. Dazu folgendes:
Die goldene Regel "Kurze Sätze" gilt auch für das Schreiben. Geraten in der Schreibe die Sätze mal etwas länger, kann der Leser im Notfall noch einmal lesen. Die Hörer können nicht noch einmal hören. Deshalb gilt der Rat: "Sprich mit kurzen Sätzen!" besonders für die freie Rede.

Nur – was ist ein kurzer Satz? Besteht er aus 5, 9, 13, 15, 17, 25 oder mehr Wörtern? Kurze Sätze sprechen Sie, wenn Sie Sätze mit 10 bis 18 Wörtern bauen. So werden Sie leicht verstanden. Mit 31 und mehr Wörtern pro Satz reden Sie sehr schwer verständlich. Also: Halten Sie sich an einen Mittelwert von 14 Wörtern pro Satz. Ihr Einwand: "Da sind die Schreiber im Vorteil, die können beim Überarbeiten des Textes die Wörter pro

Satz zählen. Wie soll ich denn während der freien Rede zählen?" Das ist natürlich nicht möglich. Tip: Nehmen Sie Ihre Reden öfter auf (Kassettenrecorder!). Machen Sie sich die Mühe, die Wörter pro Satz zu zählen. Errechnen Sie die Durchschnittswerte. So gewinnen Sie Anhaltspunkte.

Nicht immer liegt in der Kürze die Würze. Zwei Beispiele:

a) *Die Aggressivität des Marktverhaltens der Konkurrenten entzog sich ihrer Kenntnis.* Das ist ein kurzer Satz. Er besteht aus 10 Wörtern. Finden Sie ihn besonders eingängig?

b) *Sie wußten nicht, daß die Konkurrenten im Markt aggressiv vorgingen.* Dieser Satz – mit 10 Wörtern – sagt das gleiche. Selbst mit 11 Wörtern – *Sie wußten nicht, daß sich die Konkurrenten im Markt aggressiv verhielten* – würde Satz b) leichter verstanden als Satz a).

Das liegt zum einen an der Wortwahl, zum andern am Satzbau. Beispiel a) ist ein Hauptsatz. Ein Hauptsatz hat normalerweise nur eine Satzaussage. Im Beispiel a): *entzog sich.* Satz b) ist ein Satzgefüge, bestehend aus einem Haupt- und Nebensatz. Ein Satzgefüge hat zwei Satzaussagen (in b): *wußten nicht, vorgingen* und *sich verhielten).* Der Anteil der Tätigkeitswörter im Satzgefüge ist also doppelt so groß wie in einem ihm inhaltlich entsprechenden Hauptsatz. Satzgefüge sind fast immer anschaulicher und lebendiger. "Tucholsky zum Trotz: Der klassische deutsche Satz besteht aus einem Hauptsatz mit angehängtem Nebensatz; . . ." (48)

Übertreiben Sie *Tucholskys* Empfehlung "Hauptsätze. Hauptsätze. Hauptsätze." in der Weise, daß Hauptsatz auf Hauptsatz folgt, ermüden Sie die Hörer. Reihen Sie sehr kurze Sätze – das sind meistens Hauptsätze mit bis zu 10 Wörtern – sprechen Sie einen Hammerstil. Den überlassen Sie lieber der Werbung. Beispiel aus einer Anzeige:

"Alle reden von Entspannung. Aber von einem geplagten Rükken redet niemand. RECARO hat die Lösung parat: Entspannung des Fahrers durch bestmögliche Sitzposition. Das Konzept der Aktiverhaltung am Lenkrad. Durch orthopädisch richtige Rückenunterstützung. Durch sicherheitsgebende Seitenführung. Durch wirksame Dämpfung der Fahrbahnstöße. Dieses Konzept hat sich international bewährt. RECARO wurde damit zum weltgrößten Spezialsitzhersteller. Sie können es besitzen. Wirksam gegen Engpässe auf der Straße und Unpäßlichkeiten im Rücken. Es paßt für Langstrecken. Nachtstrecken. Kurzstrecken. Kurvenstrecken. Stadtstrecken. Rennstrecken." (49)

Ratschläge:

- Reden Sie in kurzen Sätzen. Bekämpfen Sie die Schachtelsätze! Sätze mit vielen Zwischensätzen
  - *bringen Sie in Schwierigkeiten.* Sie verlieren die Übersicht und formulieren deshalb die Sätze nicht zu Ende.
  - *spannen die Hörer auf die Folter,* fordern Schwerstarbeit von ihnen. Je länger Sie den Hörer auf das erklärende Tätigkeitswort am Satzende warten lassen, um so weniger versteht er den Sinn Ihrer Aussage. Und: Mit vielen Zwischensätzen führen Sie die Hörer auf andere Denkfährten. Der folgende Satz ist ja noch harmlos: "Herr X erhielt den Auftrag, auf den er so lange gewartet hatte, nicht." Trotzdem könnten die Hörer denken: "Herr X erhielt den Auftrag, auf den er so lange gewartet hatte, *per Telex.*" Bei einigen Rednern bange und bibbere ich immer: Hoffentlich kommts schnell, das alle und alles erlösende Tätigkeitswort.
  - *überfordern die Hörer.* Mit zunehmender Rededauer folgen sie Ihnen kaum noch. Die Hörer schalten ab und gehen gedanklich eigene Wege. (Vielleicht: "Was es wohl heute abend zu essen gibt?" "Michael hat schon wieder in der Mathearbeit eine 4 geschrieben!" . . .).
  - *wirken wenig einprägsam und überzeugend.* Die Merkwerte sinken, die Argumente bröseln. In den Köpfen der Hörer wirds wolkig und schließlich neblig. *Es sei denn, Sie wollen nicht verstanden werden!* Dann müssen Sie Nebelbomben werfen. Nicht das Messer ist schuld. Es ist die Hand, die das Messer führt.

- Gehen Sie sparsam um mit den Hauptsätzen. Keine lange Reihe von Hauptsätzen. Mehr Hauptsätze mit angehängten Nebensätzen. Wirksam ist: Abwechslung im Satzbau. Die Mischung muß stimmen!
- In sehr kurzen Sätzen reden Sie, wenn Sie "hämmern" wollen; wenn sich wichtige Tatsachen, Thesen und Argumente in den Köpfen und Herzen der Hörer einprägen sollen. Das sind Redepassagen mit Zusammenfassungs- und/oder Aufforderungscharakter, mit einem Appell an Gefühl und Vernunft.

10.9 Redundanz – Wortschwall oder Telegrammstil?

"Eure Rede aber sei: Ja, ja; nein, nein. Was darüber ist, das ist vom Übel." (Matth. 5, 37). Es hätte doch genügt, wenn gesagt worden wäre: "Eure Rede aber sei: Ja, nein; was darüber ist, das ist vom Übel." Als ich die Quellenangabe schrieb, zögerte ich: Schreibst du *Matth.* oder *Matthäus? Matth.*, dachte ich, ist kürzer als *Matthäus,* also sparst du drei Buchstaben. Aber *Matthäus* ist doch verständlicher? Vielleicht gibt es einige, die nicht wissen, was *Matth.* bedeutet. Hätte nicht vor *Matthäus* noch "Neues Testament" gehört? Und was heißt: . . .5, 37? Hat *Matth.* eine „fünf" bekommen und das als 37jähriger? Hätte es die Mehrzahl der Leser als banal empfunden, wenn ich geschrieben hätte: (Neues Testament, Matthäus, Kapitel 5, Vers 37)? Vielleicht wären mir einige dankbar gewesen?

Also: Wenige Worte oder viele Worte? Liegt in der Kürze die Würze? Oder: Viel Fleisch an die Knochen? Weder, noch! Extrem kleine oder große Mahlzeiten munden nicht den Hörern. Der von einigen überflüssigen Informationen befreite, übriggebliebene Informationsknochen ist zwar meistens verständlicher, nur: Macht der einen satt? Es gibt Ausnahmen fürs "Knochen hinwerfen". "Als die Welle kam, sah ich, wie ein Mann über das Deck lief, der dann von der Welle über die Reeling gespült wurde." Oder: "Mann über Booooord!!!" Bedarf das vieler Worte?

Ich bin mit Ihnen der “Redundanz” (der Überfülle, dem Übermaß, dem Überflüssigen) auf der Spur. Die Frage lautet nicht: Redundanz ja oder nein? Wortschwall oder Telegrammstil? – sondern: Wieviel Redundanz ist zur Verständigung notwendig? Wann wird es durch ein Zuviel an Redundanz unverständlich oder langweilig?

Wolf *Schneider* rät: “Je nachdem, was ich zu sagen habe, wem ich es sage und in welcher Situation ich es sage, muß ich keine, wenig oder viel Redundanz anbieten – um so mehr:

- je komplizierter das Thema ist, über das ich meine Leser oder Hörer informieren möchte
- je gleichgültiger ihnen das Thema ist
- je träger oder müder sie sind
- je enger ihr *Erfahrungshorizont* ist
- je niedriger ihr *Erwartungshorizont* liegt.” (50)

10.10 Die Definition

“Erklärung im “Kindergeld-Merkblatt” der Bundesanstalt für Arbeit: “Welches Kind erstes, zweites, drittes Kind usw. ist, richtet sich nach dem Alter der Kinder, das älteste Kind ist also das erste Kind, das zweitälteste das zweite Kind.” (51)

Um wirksam zu sein, müssen Sie verständlich reden. Zur Verständlichkeit der freien Rede gehört, den Hörern mitzuteilen, was Sie unter einem bestimmten Begriff verstehen. Sie beugen Mißverständnissen über Ihre Wortverwendung vor, wenn Sie

- den Begriff gegen andere, ähnliche Begriffe abgrenzen (zum Beispiel: Moral gegen Ethik), oder
- wenn Sie kurz den gemeinten Sinn nennen, um Mehrdeutigkeiten zu vermeiden; (zum Beispiel: Benutzen Sie den Begriff “Gesetz” im naturwissenschaftlichen oder juristischen Sinn). Einen Begriff abgrenzen, nennt man definieren (lat. = abgrenzen). Eine Definition ist die Bestimmung eines Begriffes durch Beschreibung seiner wesentlichen Merkmale.

Wie wird definiert? Sie nennen den nächsthöheren Begriff und erklären den Unterschied, der zwischen dem nächsthöheren Begriff und dem Begriff besteht, den Sie bestimmen wollen. Diese Regel gilt für das Definieren konkreter und abstrakter Begriffe.

Definition eines konkreten Begriffes

Beispiel: Was ist ein Stuhl? Der nächsthöhere Begriff ist "Sitzmöbel" ("Möbelstück" wäre höher, "Gegenstand" zu hoch gegriffen; bei Gegenständen hilft es, wenn Sie an deren Aufgabe denken). Worin bestehen die Unterschiede, die einen Stuhl von anderen Sitzmöbeln (Sessel, Hocker, Schemel, Bank) unterscheiden? Wichtig im Sinne der Definitionsregel ist, die *wesentlichen Merkmale* zu beschreiben, das Wesentliche vom Unwesentlichen zu trennen. Wesentliche Merkmale des Stuhles sind: Er hat vier Beine, eine Rückenlehne, die Sitzfläche ist für eine Person bestimmt. Nichtwesentliche Merkmale für die Begriffsbestimmung sind: Material, eventuelle Polsterung und Armlehnen, wer produziert Stühle?, Kosten. Diese Merkmale sind zwar interessante Zusatzinformationen, sie treffen jedoch nicht den Kern des zu definierenden Begriffes.
Also, was ist ein Stuhl? Ein Stuhl ist ein Sitzmöbel, das vier Beine hat, eine Rückenlehne und einer Person Platz bietet.

Definition eines abstrakten Begriffes

Den Begriff "Sommer" zu definieren: das wird Ihnen weniger Mühe machen, als den Begriff "Freiheit" zu bestimmen. Was ist "Freiheit"? Wollen Sie es mal versuchen, diesen Begriff zu definieren?:

Wie Sie auch definieren werden: Freiheit wird immer ein – je nach Ihrer philosophischen, weltanschaulichen oder politischen Position – bewerteter Begriff sein. In den Lexika reicht der Bogen von "Freiheit", der mehr oder minder eingeschränkte Spielraum, der dem persönlichen Handeln in der Welt der Realitäten bleibt; als *Freiheitsbewußtsein* oder *Freiheitsgefühl* die Überzeugung, selbstgesetzte Ziele verwirklichen zu können." (Wörterbuch der Pädagogik. 6. Aufl. Stuttgart 1960, S. 161) bis *"Freiheit"* – Verhältnis des Menschen zur objektiven Gesetzmäßigkeit (Notwendigkeit) in Natur und Gesellschaft, insbesondere der Grad ihrer Erkenntnis und praktischen Beherrschung." (Philosophisches Wörterbuch. Bd. 1, 10. Aufl. Leipzig 1974, S. 422)

Was Sie beim Definieren konkreter und abstrakter Begriffe noch beachten müssen:

- Eine Definition darf keine Zirkeldefinition sein. Eine Zirkeldefinition liegt vor, wenn das zu definierende Wort zum Bestandteil der Definiton gemacht wurde. Beispiel: Ein Stuhl ist ein Stuhl mit vier Beinen . . . Das zu definierende Wort darf in der Definition nicht auftauchen.
- Eine Definition soll nicht negativ formuliert sein. Beispiel einer negativen Definition: "Der Stuhl ist kein Sessel." Das klingt einleuchtend, der Stuhl ist aber damit nicht definiert.
- Eine Definition darf keine Beispiele enthalten. "Ein Stuhl, zum Beispiel ein Eßzimmerstuhl . . ."
- Eine Definition verlangt eine klare Formulierung. In eine Definition gehören keine Wörter wie: zum Beispiel, könnte, sollte, möchte, müßte, möglicherweise, vielleicht, . . .

Noch etwas: Exakte Definitionen lassen sich nicht in jeder Rede anwenden. Wenn Sie vor Wissenschaftlern reden und sagen: "Der Stuhl ist ein Sitzmöbel", dann sträuben sich diesen Zuhörern die Haare. Eine solche Begriffsbestimmung gilt in der Wissenschaftslogik als Definition minderer Art. Sprechen Sie immer zu Wissenschaftlern? Für den Kommunikationserfolg ist es wichtig, daß Sie sich dem Alter, der Ausbildung, dem

Vorwissen der Hörer gemäß ausdrücken. Das gilt auch für die Definitionen. "Der Stuhl ist ein Sitzmöbel" ist, wissenschaftlich betrachtet, keine exakte Definition. Als Funktionsangabe genügt sie jedoch, weil keine Mißverständnisse entstehen.

Bedenken Sie: Definitionen sind immer abstrakt. "Sie sind nicht wahr (sondern allenfalls "geeignet" . . .)." (52) Definitionen kommen durch eine Übereinkunft zustande.

Wenn Sie sich mit anderen über die Definition "Stuhl" streiten, werden Sie sich schnell einigen können. Anders sieht es mit den Definitionen abstrakter Begriffe aus dem philosophischen, weltanschaulichen und politischen Bereich aus. Zur Politik fand ich in dem Buch "Kampf um Wörter?" die folgenden Aussagen. Sie lassen sich bestimmt auch auf andere Lebensbereiche im Sinne eines berechnenden, zielgerichteten Verhaltens übertragen.
"Wer die Dinge benennt, beherrscht sie. Definitionen schaffen 'Realitäten'. Wer definiert, greift aus der Fülle möglicher Aspekte einen heraus, natürlich denjenigen, der ihm wichtig erscheint. Diese 'Reduktion von Komplexität' (Niklas Luhmann) geschieht überall, und also auch in der Politik . . . Besondere politische Prägekraft wohnt stets der ersten Definition inne: Sie gibt einem Problem den gewünschten Zuschnitt, läßt es in der gewünschten Beleuchtung erscheinen und präjudiziert damit eine Lösung, die man wünscht: 'Es ist meistens die *erste* Definition eines Problems, die die Menschen akzeptieren . . .' In den Zusammenhang politisch mächtiger Definitionen und Alternativen gehört das Schlagwort. Wer es zur rechten Zeit findet oder erfindet, kann Gefolgschaft finden, die Richtung von Wahlkämpfen bestimmen, dem Gegner schweren Schaden zufügen. Schlagworte treffen den Gegner auch dann, wenn sie den Wortsinn der Sache verfehlen." (53)

10.11 Die Beweisführung (Argumentation)

Ihre Wirksamkeit hängt auch ab von Ihrer Glaubwürdigkeit. Glaubwürdig sind Sie unter anderem, wenn Sie die Wahrheit Ihrer Aussagen beweisen. Dann überreden Sie die Hörer nicht, sondern Sie überzeugen sie. Vergessen Sie unabsichtlich oder absichtlich die Beweise, so müssen Sie damit rechnen, daß die Hörer Beweise von Ihnen verlangen; ausgesprochen oder unausgesprochen.

Beweisführung ist Argumentation (lat.). Argumentieren heißt begründen, einen Beweis führen. Beweisführung ist der Kern vieler Reden, besonders der Überzeugungsreden. Beweisführung ist eine komplizierte Materie. Damit sie für Sie praktikabel bleibt, muß ich im Rahmen dieses Buches stark vereinfachen. Der folgende Absatz verschafft Ihnen zunächst einen Überblick über die Methoden der Beweisführung. Später folgen die Beweisarten.

Zwischen Wahrheit und Beweisbarkeit gibt es folgende Zusammenhänge:

1. Ist die Wahrheit einer Aussage beweisbar, so bezieht sich die Beweisführung auf eine wahre Aussage.
2. Ist die Aussage widerlegbar, so bezieht sich die Beweisführung auf eine falsche Aussage.
3. Ist eine Aussage unbeweisbar, so ist es unmöglich, ihr Wahrsein nachzuweisen.
4. Ist eine Aussage unwiderlegbar, so ist es unmöglich, ihr Falschsein nachzuweisen.

Was ist ein Beweis? Ein Beweis ist die Darlegung der Richtigkeit (Verifikation) oder Unrichtigkeit (Falsifikation) von Aussagen durch logische oder empirische (erfahrungsgemäß; aus der Erfahrung, aus der Beobachtung erwachsen; durch Experiment gewonnen) Gründe. Ich unterscheide zwei Hauptarten von Beweisen: den Wahrheits- und den Wahrscheinlichkeitsbeweis.

Der Wahrheitsbeweis

Beim Wahrheitsbeweis wird die Richtigkeit oder Unrichtigkeit einer Aussage dargelegt durch seine Ableitung aus anderen Aussagen, die als wahr vorausgesetzt sind (Prämissen). Das Ableiten einer Aussage aus anderen vorausgesetzten Prämissen geschieht mit Hilfe bestimmter Schlußregeln. Dieses Ableiten wird auch *Deduktion* genannt; durch logischen Schluß vom Allgemeinen zum Besonderen. Der Schluß ist die Folgerung aus vorausgesetzten Aussagen. "Der Schluß ist die logische Form des Beweises." (54)

Der von *Aristoteles* eingeführte *Syllogismus* beruht auf der Methode der Deduktion. Der Syllogismus ist die einfachste Form des deduktiven Schlusses. Er besteht darin, daß aus zwei Aussagen (Prämissen oder Vordersätze) eine dritte Aussage (Konklusion oder Schlußsatz) gefolgert wird. Den beiden Prämissen ist ein Mittelbegriff gemeinsam, wodurch die Verknüpfung der beiden anderen Begriffe in einer neuen Aussage möglich wird. Diese neue Aussage (Schlußsatz) ist der (deduktive) Beweis.

Benutzen wir als Beispiel für einen Syllogismus unseren schon bekannten "Stuhl" und das "Sitzmöbel". Wir gehen zunächst von einer allgemeinen Aussage aus:

1. Alle Stühle sind für das Sitzen (der Menschen) bestimmt. Aus dem allgemeinen Begriff "Sitzmöbel" greifen wir eine besondere Art, den "Stuhl" heraus und sagen:
2. Der Stuhl ist (auch) ein Sitzmöbel. Daraus folgt der Schluß, der Beweis:
3. Also ist der Stuhl (ebenfalls) für das Sitzen (der Menschen) bestimmt.

Ein anderer Syllogismus als Beispiel:

1. Alle Personenkraftwagen (Mittelbegriff) sind Fahrzeuge.
2. Der BMW 528 i ist ein Personenkraftwagen (Mittelbegriff).
3. Also ist der BMW 528 i ein Fahrzeug.

Dieser Schlußsatz (die neue Aussage) ist der Beweis. Kürzer läßt sich dieser Syllogismus mit der "Wenn . . ., dann . . ."-Beziehung ausdrücken: Wenn alle Personenkraftwagen Fahrzeuge sind, dann ist der BMW 528 i (ebenfalls) ein Fahrzeug.

Nach einer Rede wird häufig diskutiert. Im Publikum sitzen auch Hörer, die logisch denken können. Aber Achtung: Behandelt die Diskussion philosophische, weltanschauliche, politische Themen und stimmen Ihre Positionen nicht mit denen solcher Hörer überein, dann müssen Sie besonders aufmerksam zuhören. Diese Hörer setzen Ihnen häufig – oft auch noch schnell gesprochen – Beweise vor, die "auf den ersten Blick" für Sie und die übrigen Hörer logisch klingen. Meistens sind das jedoch nur *scheinbar* richtige Beweise. Diese Partner bauen meistens keine übersichtlichen Syllogismen im Dreierschritt auf, sondern arbeiten mit "Wenn . . ., dann (so) . . ." - Beziehungen oder mit Behauptungen. Die folgende "Wenn . . ., dann . . ." - Beziehung ist schon schlimm: "Wenn in allen kapitalistischen Ländern die Arbeiter ausgebeutet werden, dann werden sie auch in England ausgebeutet." Schlimmer: "In allen kapitalistischen Ländern werden die Arbeiter ausgebeutet, auch in England." Am schlimmsten: "In England werden die Arbeiter ausgebeutet." Mit Scheinbeweisen wird nicht nur im politischen Bereich operiert, auch nicht nur im Verhältnis Ost – West und umgekehrt.

Ratschlag: Wenn Sie mit folgerichtig denkenden Hörern diskutieren, die Ihnen Scheinbeweise vortragen, haben Sie keine Chance, wenn Sie die Schlußsätze anfechten. Die sind formallogisch richtig konstruiert. Sie müssen die Prämissen angreifen und fällen. Dann stürzt das ganze Denk- und Aussagegebäude in sich zusammen.

Neben der deduktiven Methode gibt es noch die induktive. *Aristoteles* sagte, daß die *Induktion* der Aufstieg vom Besonderen zum Allgemeinen sei. Bei der Induktion werden zwei Arten unterschieden: die *vollständige induktive* und die *unvollständige induktive Methode.* Die unvollständige induktive Methode behandele ich unter: "Der Wahrscheinlichkeitsbeweis".

Um über die vollständige induktive Methode einen Wahrheitsbeweis antreten zu können, müssen Ihnen von einer Menge *alle* Teile bekannt sein.
Beispiel:
Sind Ihnen von einer Familie alle Mitglieder bekannt, dann können Sie aus den Merkmalen, die alle Mitglieder gemeinsam haben, auf die Familie schließen. Fall: Mich besuchen gleichzeitig zwei Personen: Eine Frau, die als meine Mutter mit mir verwandt ist; ein Kind, das als mein Bruder mit mir verwandt ist. Folgerichtig geschlossen: Alle meine derzeitigen Besucher sind mit mir verwandt. Unabhängig von Geschlecht und Alter: Das allen gemeinsame Merkmal ist die Verwandtschaft mit mir. So wird vom Besonderen (von einem Besucher) auf das Allgemeine (alle Besucher) geschlossen.
Bestimmt haben Sie schnell erkannt, worin die Schwierigkeit und damit der Nachteil dieser Methode liegt: Bevor Sie von x-Einzeltatsachen auf etwas Allgemeinrichtiges schließen können, müssen Sie erst einmal die *gesamten* x-*Einzeltatsachen* untersuchen. Das ist in den meisten Fällen nicht möglich. Deshalb ist die vollständige induktive Methode auch für die allermeisten Reden – besonders für die freien Reden – unbrauchbar.

Der Wahrscheinlichkeitsbeweis

Die unvollständige induktive Methode zähle ich zum Wahrscheinlichkeitsbeweis. Warum? Weil sie durch Verallgemeinerung den *ungeprüften* Fällen oder Gegenständen eines Bereiches eine Eigenschaft zuschreibt, die sich bei den geprüften Fällen oder Gegenständen ausnahmslos erwiesen hat. Den so (induktiv) erzielten Aussagen kommt jedoch nur eine Wahrscheinlichkeit zu. Sie sind Wahrscheinlichkeitsbeweise. Es kommt allerdings darauf an, mit welchem Prozentsatz eine Aussage wahrscheinlich ist, um einen Wahrheitsanspruch zu erreichen. Der ist auch abhängig von der Güte statistischer Methoden und von der Größe der Zahl, die von der gesamt verfügbaren Anzahl in die Untersuchung einbezogen wird.

Zwei andere Beweisarten sind noch zu besprechen: der *Analogie-* und der *Autoritätsbeweis*.

Dem *Analogiebeweis* liegt ein Schlußverfahren zugrunde, bei dem von der Ähnlichkeit gegebener Glieder (Tatsachen) auf die Ähnlichkeit eines nicht gegebenen Gliedes geschlossen wird. Der Analogiebeweis ist ein typischer Wahrscheinlichkeitsbeweis.

Beispiel:

Als Herr X schlief, wurde bei ihm eingebrochen.

Bei Herrn Y wurde auch eingebrochen.

Also schlief auch Herr Y.

Sie werden sagen: "Das muß doch kein Beweis dafür sein, daß auch Herr Y geschlafen hat. Im Gegenteil: Als bei Y eingebrochen wurde, kann Y mopsfidel, die Kopfhörer übergestülpt, *Mozarts* "Kleine Nachtmusik" gehört haben." Sie merken: Analogiebeweise können leicht widerlegt werden. Deshalb: Gehen Sie vorsichtig mit Analogiebeweisen um. Sie sollten nur dann zu Analogiebeweisen greifen, wenn die Übereinstimmung praktisch nachprüfbar oder erwiesen ist.

Sinngemäß trifft das über den Analogiebeweis Gesagte auch für den *Autoritätsbeweis* zu. Bei ihm beruft sich der Redner auf eine von vielen anerkannte Autorität. Diese Autorität muß eine Kapazität auf dem fraglichen Gebiet sein. Wenn Sie zum Beispiel *Herbert von Karajan* als Gewährsmann für sportpolitische Themen heranziehen, werden Sie keinen Überzeugungserfolg haben.

Einseitige und zweiseitige Argumentation

Einseitig argumentieren heißt: Der Redner begründet nur die positiven oder nur die negativen Seiten eines Sachverhaltes. *Zweiseitige Argumentation:* Der Redner wägt das Pro und

Contra. Beide Argumentationsweisen sind nicht immer wirksam. Um wirksam zu sein, beachten Sie folgendes:

Der Redner	Die Hörer	Stärkere Beeinflussung der Hörer durch
vertritt eine Meinung.	sind *gegen* diese Meinung.	mehr zweiseitige Argumentation
vertritt eine Meinung.	sind der *gleichen* Meinung.	mehr einseitige Argumentation
–	Hörer, die intelligent sind:	mehr zweiseitige Argumentation
–	Hörer, die weniger intelligent sind:	mehr einseitige Argumentation

"Wie kann man sich das erklären? Wenn ich gegen eine Position bin, muß ich meine Argumente, die ich sowieso habe, in der Mitteilung wiederfinden. Sie müssen in der Kommunikation vorkommen, sie müssen besprochen und ausgeräumt werden. Wenn keiner sie ausräumt, behalte ich sie einfach. Wenn ich andererseits sowieso schon dafür bin, dann verwirren mich eher Argumente des Für und Wider, die ich gar nicht habe. Weiter: Die Leute, die intelligenter sind, verlangen auch nach einer intelligenten, d.h. differenzierteren Argumentation, nämlich einer zweiseitigen; die weniger Intelligenten nicht. Man muß sich also auch mit seiner Argumentationsweise auf die Zielgruppe einstellen." (55)

Die Reihung der Argumente

Bei der Argumentation müssen Sie auf die Reihung der Argumente achten, denn: Wie ich starte, liege ich im Rennen (diese Regel gilt nicht nur für den Sport!) – und: Was der Hörer zuletzt hört, hallt und wirkt noch lange nach!

Weil bei einer einseitigen Pro- und Contraargumentation niemals alle Proargumente (Kurzzeichen: ⊕) und alle Contraargumente (Kurzzeichen: ⊖) gleich stark sind, müssen Sie zuerst Ihre Argumente gewichten. Dann können Sie die Argumente zum Beispiel wie folgt reihen (die Größe der Kreise symbolisiert die Stärke der Argumente):

Sie beginnen mit den schwächsten und enden mit den stärksten Argumenten.

Oder:

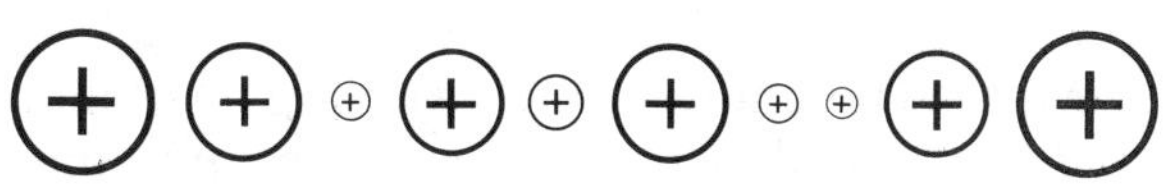

Oder:

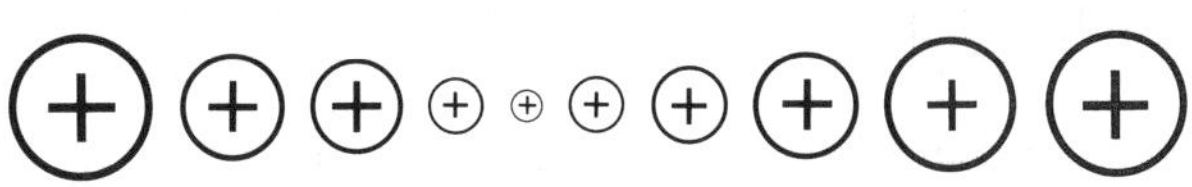

Dieselben Reihungsmöglichkeiten empfehlen sich für eine einseitige Contraargumentation.
Bei einer zweiseitigen Argumentation wird es meistens so sein, daß entweder die Proargumente oder die Contraargumente überwiegen (sollen). Grundreihungsmöglichkeiten:

⊕... ⊖... ⊕... ⊖... ⊕...
Oder:
⊖... ⊕... ⊖... ⊕... ⊖...

10.12 Motiv – Motivation – Das Ansprechen der Motive

Heutzutage sind die Begriffe *Motiv* und *Motivation* in vieler Munde. Häufig werden sie mißverstanden und deshalb in den Beziehungen zwischen Menschen mißbraucht. Ein Meister, der seinen Gesellen anpfeift, weil dieser die Werkstatt nicht ordentlich aufgeräumt hat, freut sich am nächsten Tag über die Sauberkeit und Ordnung im Arbeitsraum. Unser Meister sagt sich: "Unsere Jugend ist eben halt nicht richtig motiviert. Man muß nur immer wieder mal kräftig dazwischenhauen, und schon stimmt die Motivation." Ja, wer Anpfiff mit Motivieren verwechselt . . . Was steckt hinter den Begriffen Motiv und Motivation? Warum ist es für Sie als Redner wichtig, Motive der Hörer anzusprechen? Antworten auf diese Fragen erhalten Sie, wenn Sie die folgenden Ausführungen durcharbeiten.

Motiv

Ein Motiv (lat. motus = Bewegung, Antrieb; lat. movere = bewegen, antreiben) ist der Beweggrund eines Verhaltens. Er kann als auslösende, richtungsgebende und antreibende Zielvorstellung bewußt oder unbewußt wirken, gefühlsbedingt oder triebhaft wie auch intellektuell bestimmt sein.

Wenn man über das Motiv spricht, gesellt sich sofort das "Bedürfnis" hinzu. Das Bedürfnis ist ein Gefühl des Mangels,

das die Tendenz zu dessen Aufhebung enthält. Und jetzt wird es für einen Moment schwierig. In der Psychologie wird das Bedürfnis allgemein als Antriebsbedingung oder gleichbedeutend mit Antrieb oder Motiv verstanden. Ich verstehe die Begriffe “Motiv” und “Bedürfnis” ebenfalls gleichbedeutend, werde aber im folgenden überwiegend den Begriff *Motiv* benutzen.
Das Verhalten, das Handeln, die Handlung, die Aktion eines Menschen kann entweder Selbstzweck sein oder als Mittel zu einem anderen Zweck dienen. Wenn Menschen arbeiten, dann ist das wohl für die meisten kein Selbstzweck, sondern Mittel zum Zweck: um Geld zu verdienen. Dieses Geld ist wiederum für die meisten kein Selbstzweck, sondern Mittel für andere Zwecke: um elementare oder andere Bedürfnisse (zum Beispiel soziale oder geistige) zu befriedigen.

An einer Handlung ist niemals nur ein Motiv beteiligt. Es sind immer mehrere Motive, die wirksam sind. Man spricht von einem *Motivbündel*. Oft streiten die Motive miteinander *(Motivkonflikt)*. Ein klassischer Motivkonflikt ist zum Beispiel, salopp formuliert: Einerseits wollen wir viel haben (gewinnen, erreichen) und andererseits möglichst wenig (manchmal gar nichts) geben (verlieren, einbüßen). Bei einem Konflikt der Motive setzt sich meistens das stärkste durch.

Das Motiv kann sowohl

- *in einer Kausalität* (Verknüpfung der Befriedigung elementarer Bedürfnisse – Essen, Trinken, Behausung, Bekleidung, Fortpflanzung – mit den sich im menschlichen Organismus abspielenden Vorgängen) als auch
- *in einem Sinnzusammenhang* stehen (Motive und deren Festigkeit als Ausdruck einer sittlich-moralischen Persönlichkeitsstruktur: Liebe, Freundschaft, Zugehörigkeit, Anerkennung, Selbstbestätigung, Unabhängigkeit, Macht, Sicherheit . . .).

Um die Motivarten gliedern zu können, wurden viele Einteilungen entworfen. Meistens wird zwischen primären (angeborenen) und sekundären (erworbenen) Motiven unterschieden. Die sekundären Motive werden durch Lernprozesse in der Sozialisation erworben.

Will man das Motiv aus ethischer Sicht beurteilen, muß man von seiner Funktion und Wirkung für das Bewußtsein und das Verhalten ausgehen. Ansatzpunkt ist der mit dem vorgefundenen Motiv verbundene Gefühlszustand. Dieser ist absichtlich auf Wert oder Unwert des vorgestellten Verhaltens, seiner Ziele und Folgen gerichtet. Aus dieser zweckbestimmten Richtung entwickelt sich eine bestimmte Gesinnung. Ein bestimmtes Motiv bewußt zu verfolgen: diese Entscheidung und die dadurch offenbar werdende Gesinnung bieten nun die Grundlage für ein sittliches Urteil über Wert oder Unwert des sich in einer Handlung äußernden Verhaltens. Daran bemißt sich auch die sittliche Verantwortung für dieses Verhalten.

Motivation

Motivation ist die Gesamtheit der in einer Handlung wirksamen Motive, die zur Aktion treiben, sie richten und regulieren. Welche der verschiedenen Motive im Einzelfall wirksam werden, ist abhängig von ihrer Stärke und Vereinbarkeit innerhalb der Motivation und von der Erreichbarkeit des Zieles.

Das Ansprechen der Motive

Zurück zu den Motiven, weil "Motivation" ein zu weites Feld ist. Spätestens jetzt werden Sie (vielleicht) fragen: "Müßte ich nicht Psychologie studiert haben, um die Motive der Hörer erkennen und ansprechen zu können?" Nein, das müßten Sie nicht. Wenn Sie die folgenden Ratschläge befolgen, werden Sie feststellen, daß es nicht so schwierig ist. Sie haben nämlich immer schon, wenn Sie sprachen und redeten, Motive in Ihren Gesprächspartnern und Hörern angesprochen; denn: Immer dann, wenn Sie den Hörern den Nutzen (Vorteile) und/oder die Nachteile eines bestimmten Tuns oder Unterlassens nannten, praktizierten Sie *Motivansprache*. Es war Ihnen vielleicht nur nicht bekannt, daß man unter Motivansprache das Aufzeigen von Nutzen und Nachteilen versteht. “Dann hab ich’s also bisher – mehr unbewußt – schon richtig gemacht?”, werden Sie fragen. Jein! Um wirksamer zu sein, um mehr Überzeugungserfolge zu erreichen, müssen Sie künftig systematisch vorgehen, das heißt Motive Ihrer Hörer gezielt ansprechen. Wie Sie das verwirklichen können, wollen wir uns im folgenden erarbeiten.

Ich hörte einmal, wie jemand gefragt wurde, was die Menschen eigentlich treibe. Antwort: “Es sind ihre Hoffnungen und Ängste.” Diese knappe Aussage ist es wert, weiter betrachtet zu werden.

Die Menschen hoffen, etwas zu erreichen oder das, was sie haben, in seiner Quantität und/oder Qualität/Intensität zu steigern.
Oder:
Die Menschen wünschen sich, sie hoffen, daß das, wovor sie Angst haben, nicht oder nur in wenigen Fällen in geringstem Maße eintreffen möge.
So gesehen, sind das aber nur die zwei Seiten ein- und derselben Medaille: des “Prinzips Hoffnung”. Ich will diesen Sachverhalt in einer Übersicht darstellen. Auf die Unterscheidung zwischen primären und sekundären Motiven gehe ich nicht mehr ein. Sie ist für die freie Rede wenig nützlich.

Die Menschen hoffen: . . . zu erreichen, . . . zu erzielen, . . . zu gewinnen; sie streben nach . . . (oder einer Steigerung dessen), sie wollen . . .	Motiv (Die Reihung der Motive ist keine Rangordnung)	Die Menschen haben Angst vor Verlusten, deshalb hoffen sie . . ., wünschen sie . . ., wollen sie . . .
Lohn, Gehalt, Einkommen, mehr Umsatz/Gewinn/Rendite/Verzinsung. Lottogewinn, . . .	1. Geld	weniger Kosten, keine Kosten, geringeren Aufwand, niedrigere Belastungen/Abgaben; keine Steuern, weniger Gebühren, . . .
Zeit, mehr Zeit	2. Zeit	Zeit sparen, Zeitaufwand mindern, keinen Zeitverlust, . . .
Sicherheit (materielle und/oder emotionelle), mehr Sicherheit	3. Sicherheit	Unsicherheit zu mindern, kein Risiko eingehen, weniger Risiko, keine Gefahren, keine Angst haben, . . .
Bequemlichkeit (bequemer, leichter, einfacher)	4. Bequemlichkeit	weniger Anstrengung, keine Mehrarbeit, weniger/keine Mühe, weniger leisten, . . .
Zufriedenheit, Wohlbefinden, Gesundheit, mehr Freude, mehr Ruhe	5. Zufriedenheit, Ruhe, Wohlbefinden, Gesundheit	kein(e)/weniger Ärger/Schmerzen, nicht leiden, keine Angst/Furcht/ Beschwerden/Trauer; keine schweren Krankheiten, keine Unruhe, . . .
Liebe, Freundschaft, Zuneigung, Verstehen, Zugehörigkeit oder ein Mehr davon	6. Glück, Liebe, Freundschaft, Zuneigung, Verstehen, Kontakte, Zugehörigkeit	keine Lieblosigkeit/Feindschaft/ Ablehnung; wenig Mißverstehen, nicht ausgestoßen/Außenseiter sein, nicht kontaktarm sein, . . .
Geltung, Ansehen, Anerkennung, Prestige, Image, Unabhängigkeit, Status, Macht, Herrschaft, mehr Geltung, . . .	7. Geltung, Ansehen, Anerkennung, Image, Unabhängigkeit, Prestige, Status, Macht, Herrschaft	Geltungs-, Ansehens-, Prestige-, Image-, Status-, Macht-, Herrschaftsverluste verhindern; nicht abhängig sein, . . .
Wissen erwerben, steigern; Können steigern, mehr Erfahrungen sammeln, mehr sehen, erleben, . . .	8. Wissen, Können, Kompetenz, Erfahrungen, Selbstverwirklichung	keine Unwissenheit, nichts versäumen, nicht zurückbleiben, . . .
anderen Menschen das unter Ziffer 1.–8. Genannte ermöglichen	9. Für andere Menschen etwas tun	andere Menschen im weitesten Sinn vor Negativem bewahren

Wir wissen: An der Handlung eines Menschen ist niemals nur ein Motiv beteiligt. Es sind immer mehrere Motive, die ein Handeln auslösen. Streiten sich die Motive, setzt sich meistens das stärkste durch. Welches Motiv bei einem Menschen das stärkste ist, hängt vom Verlauf der Sozialisation ab. Durch die unterschiedliche Sozialisation sind die Menschen unterschiedlich (stark) motiviert. Wenn wir einmal von den primären Motiven (Bedürfnissen) wie Essen, Trinken . . . absehen (das wollen und müssen wir alle), so hat sich zum Beispiel bei einem Menschen das Motiv "Sicherheit", bei einem anderen Menschen das Motiv "Geltung, . . ." zum stärksten Motiv entwikkelt und gefestigt. Die stärksten Motive geben meistens bei den Entscheidungen, wie gehandelt werden soll, den letzten Ausschlag.

Beispiel: Ist bei einem Menschen das Motiv "Sicherheit" das stärkste, dann wird dieses Motiv alle Handlungen dieses Menschen mehr unbewußt am stärksten beeinflussen; und das in vielen Lebensbereichen: bei der Partner- und Berufswahl, bei der Wahl des Unternehmens, in dem er arbeitet; bei der Wahl politischer Parteien, beim Kauf von Gütern und Dienstleistungen, bei der Wahl des Urlaubsortes, des Hotels, bei . . . Wenn dieser Mensch Geld anlegen will, dann hat er die Wahl zwischen mehreren Anlagemöglichkeiten. Soll er sich zwischen Aktien und festverzinslichen Wertpapieren entscheiden, wird er sicherlich die festverzinslichen Papiere wählen. Warum? Weil er sicher sein kann, daß ihm diese Papiere über Jahre – durch einen garantierten Zinssatz – im voraus berechenbare Einkünfte bringen. Bei Aktien: Hoch und runter, Chance und Risiko; sich vielleicht täglich um die Börsenkurse kümmern müssen, schlaflose Nächte, graue Haare kriegen . . .

"Wie erkenne ich denn nun die Motive, das stärkste Motiv eines Menschen, um bestimmte Motive gezielt ansprechen zu können?" Läuft jeder Mensch mit einem Schild herum, auf dem geschrieben steht: "Meine Motive lauten: . . . und das stärkste ist das Motiv ". . ."?" Wenn es so liefe, wäre es sehr leicht. Um Motive und deren stärkstes bei einer Person erkennen zu können, gibt es folgende Möglichkeiten:

- Sie kennen eine Person länger. Sie konnten Entscheidungsfindungen und Handlungen dieser Person längere Zeit beobachten und verfolgen. Mit der Zeit setzt sich aus vielen Teilen ein Ganzes mit schwachen und starken Konturen zusammen.
- Ob Ihnen eine Person länger bekannt ist oder nicht, für jede Person gilt: Stellen Sie mehr Fragen und hören Sie interessiert zu. Stellen Sie mehr *öffnende* Fragen. Die beginnen mit einem Fragewort, zum Beispiel: *warum, weshalb, wieso, weswegen.* Mit diesen einleitenden Wörtern fragen Sie nach Begründungen, Motiven. "Ich will mein Geld nicht in Aktien anlegen." "Warum wollen Sie das nicht, Herr P?" "Weil ich keine . . ." *Wer, wo, was* sind auch Fragewörter. Auf Fragen mit diesen Wörtern zu Beginn erhalten Sie Informationen über Sachverhalte, kaum Begründungen. "Wer hat das gesagt?" "Herr X." Öffnende Fragen sind Fragen, mit denen Sie versuchen, einen Gesprächspartner zu "öffnen", in der Hoffnung, daß er sich Ihnen gegenüber öffnet, eröffnet und Ihnen möglichst viel anvertraut: Meinungen, Ansichten, Gründe, Hintergründe.

Noch etwas müssen Sie beachten: Nicht jeder Mensch kann knapp, klar, präzise formulieren, was ihn bewegt. Das geschieht oft ohne Absicht und hat viele Gründe. Diesen Menschen müssen Sie besonders aktiv zuhören, weil die Motive durch mangelndes Ausdrucksvermögen nur sehr verschwommen sichtbar sind. Hier können Sie sich und dem Partner helfen, wenn Sie ab und zu eine *Bestätigungsfrage* stellen, zum Beispiel: "Habe ich es richtig verstanden, Frau Y, daß Sie . . .?", "Wollen Sie damit sagen, daß . . .?", "Darf ich daraus schließen, daß . . .?", "Sie meinen also, Herr Z, daß . . .?". Denen, die knapp und klar ihre Beweggründe formulieren könnten, es aber aus bestimmten Gründen nicht wollen, können Sie mit solchen Fragen auf den Zahn fühlen.

Obwohl dieses Buch kein Buch über den Dialog ist, habe ich zunächst die Vorgehensweise gegenüber einer Person behandelt. Erstens: weil sich das Erkennen der Motive besser an einer Person erklären läßt und zweitens: weil nach einer Rede oft eine Diskussion geführt wird, in der Sie dem einzelnen gegenüberstehen. Damit will ich überleiten zu der Frage: "Wie erkenne ich die stärksten Motive einer Hörerschaft?" und "Ich kann doch nicht vor der Rede mit jedem Hörer über seine Motive sprechen!" Das sollen Sie auch nicht.

Ratschläge:

- In einzelnen Fällen ist es doch möglich, vor der Rede mit einigen Hörern zu sprechen. Sie können es mindestens versuchen.
- Lassen Sie sich vor der Rede von anderen Personen über die Motive der Hörer, über die Motive von Teilen der Hörerschaft informieren.
- Wenn Ihnen die Mehrzahl der Hörer seit längerer Zeit bekannt ist, dann kennen Sie ja Ihre "Pappenheimer". Wenn ein Klassenlehrer "seine" Schüler oder ein Chef "seine" Mitarbeiter längere Zeit kennengelernt hat, dann kennt er auch die stärksten Motive dieser Menschen. Das unterstelle ich jedenfalls dem Klassenlehrer, dem Chef und anderen Rednern.
- Sollten die eben genannten Ratschläge nicht befolgbar sein, müssen Sie nach dem Leitspruch des Direktors in *Goethes* "Faust" vorgehen: "Wer vieles bringt, wird manchem etwas bringen." Das mag lustig oder zynisch klingen, ist aber ernst gemeint. Beispiel: Nehmen wir an, eine Hörerschaft setzt sich aus 100 Personen zusammen. Unter diesen Hörern sind garantiert
  - einige, deren stärkstes Motiv das Motiv Nr. 1.,
  - einige, deren stärkstes Motiv das Motiv Nr. 2., 3., usw. ist.

(siehe Motivübersicht, Seite 108)

Je nach dem Gegenstand und dem Ziel Ihrer Rede müssen Sie alle Motive gleichmäßig häufig oder einige Motive häufiger und einige weniger durch Argumente ansprechen.

Motive werden durch Nutzen und/oder Nachteilargumente angesprochen. Beantworten Sie sich vor der freien Rede die Frage, ob Sie einseitig (nur pro, nur contra) oder zweiseitig argumentieren wollen. Weil aber die Menschen doch lieber hören möchten, was ihnen etwas nützt, beschreibe ich im folgenden die Nutzenargumentation und die mit ihr verbundene Motivansprache.

Wie können Sie sich systematisch Nutzenargumente erarbeiten, mit denen Sie Motive der Hörer ansprechen? Sie müssen zunächst Ihren Redegegenstand in seine *Merkmale* aufschlüsseln. Ein Merkmal ist ein Kennzeichen (Eigenschaft) eines Menschen, eines Produktes, eines Unternehmens, einer Dienstleistung, eines Arbeitsverfahrens oder eines Programmes. Ein Merkmal kann sichtbar, (an-)greifbar, zählbar, meßbar, hörbar, riechbar und/oder schmeckbar sein. Um das weiter zu erklären, wähle ich als Beispiel den Tisch, an dem ich sitze und schreibe. Dieses Produkt "Tisch" gliedere ich in folgende Merkmale:

– Material:	Holz, Nußbaum
– Farbe:	braun
– Beine:	vier
– Tischplatte:	• Stärke: 25 mm • rechteckig, Kanten gerundet • Maße: 1,90 m (Länge) x 0,70 m (Breite) = 1,33 m^2 • Lasur
– Tischhöhe:	Fußboden-Tischunterkante: 65 cm
– Gewicht:	24 kg

Nehmen wir an, Sie wollen Ihre Hörer überzeugen, diesen Tisch zu kaufen. Sie könnten jetzt sagen: Dieser Tisch ist aus Nußbaumholz, er hat vier Beine; die Tischplatte ist rechteckig, ihre Fläche beträgt: 1,33 m^2, die Oberfläche ist lasiert; die Tischplatte ist 25 mm stark, der Tisch wiegt 24 kg. Wenn Sie so reden, zählen Sie nur die Merkmale auf, Sie betreiben Merkmalsinformation. Die Hörer werden sich denken: "Na und? Ist ja schön, daß der Tisch so beschaffen ist; aber was habe ich davon?" Mit dem Aufzählen von Merkmalen sprechen Sie so gut wie keine Motive an. Wer in den Merkmalen steckenbleibt, geht den Weg nicht zu Ende. Selbstverständlich müssen Sie Merkmale nennen, und die müssen auch stimmen. Wenn die Stärke der Tischplatte 25 mm beträgt, Sie aber sagen, sie sei 30 mm stark, dann ist das eine falsche Information. Die Frage ist, wie viele Merkmale Sie aufzählen. Sie können Hörer mit einer Überdosis an Merkmalen überfordern. Je nach Umfang des Redegegenstandes, der gegebenen Redezeit und den Erwartungen der Hörer ist die Zahl der Merkmale zu begrenzen. Je kürzer die Redezeit, desto mehr müssen Sie sich auf die wesentlichen Merkmale beschränken. Welche Merkmale wesentlich sind, entscheiden Sie aufgrund Ihrer Sachkenntnis und Absichten.

Um Motive anzusprechen, müssen Sie Merkmale in Nutzen übersetzen. Übersetzt wird mit Hilfe von Tätigkeitswörtern und einer Sie-, Du- oder Wir-Anrede. Also:

Vom *Merkmal* durch *Übersetzung* zum *Nutzen = Motivansprache.*

Beim Erarbeiten der Nutzenargumente gehen Sie – ohne sich um die Motive zu kümmern – am besten so vor:

1. Sie formulieren zunächst Nutzen-Kurzargumente. Diese enthalten noch keine Anreden. Beispiel: *Nußbaum bringt Behaglichkeit.* Die Nutzen-Kurzargumente übernehmen Sie in Ihr Stichwortmanuskript.
2. Weil Sie zu Hörern nicht im Telegrammstil sprechen können, bauen Sie in der freien Rede die Nutzen-Kurzargumente zu Nutzen-Vollargumenten aus. Beispiel: *Der Tisch ist aus Nußbaum. Dieses ruhig gemaserte Holz macht Ihr (Wohn-) Arbeitszimmer behaglich(er).* Mit diesem Argument haben Sie (ungewollt) das Motiv Nr. 5 angesprochen.

Nun kann ein Merkmal nicht nur in einen, sondern in mehrere Nutzen übersetzt werden. Die folgende Übersicht zeigt das am

Beispiel des Produktmerkmals "Nußbaum". Außerdem sind noch andere Merkmale in Nutzen-Kurzargumente übersetzt worden.

Merkmal	Übersetzung	Nutzen (-Kurzargument)	Ungewollt angesprochene Motive
Material:			
– Nußbaum	zeigt	Geschmack.	Nr. 5., 7.
– Nußbaum	paßt	zu anderen Möbeln.	Nr. 5., 7.
– Nußbaum	gefällt	Gästen.	Nr. 5., 7.
Beine:			
– vier:	erhöhen	Stabilität.	Nr. 3.
Tischplatte:			
– Stärke:	garantiert	stärkere Belastungsmöglichkeit.	Nr. 3., 5.
– rechteckig:	ermöglicht	platzsparende Aufstellung.	Nr. 5., 9.
– Kanten: gerundet	mindert	Verletzungsgefahr.	Nr. 3., 5., 9.
– Fläche: 1,33 m^2	verschafft	viel Platz (Essen, Spielen, Arbeiten).	Nr. 3., 4., 5., 9.
– Lasur	ermöglicht	schnelles, bequemes Putzen.	Nr. 2., 4., 9.
– Lasur	erspart	Kauf von Spezialreinigungsmitteln.	Nr. 1.
– Lasur	verhindert	bleibende Flecke (z.B. durch umgestoßene, volle Gläser).	Nr. 3., 5., 7.
Tischhöhe:			
– Fußboden–Unterkante = 65 cm	ermöglicht	bequemes Sitzen.	Nr. 4., 5.
Gewicht:			
– 24 kg	läßt sich	leicht transportieren.	Nr. 4.

Bis jetzt sind systematisch Nutzenargumente erarbeitet worden. Dabei war es (noch) nicht wichtig, *welche* Motive mit diesen Argumenten angesprochen wurden. Wenn Sie sich für eine *gezielte Motivansprache* systematisch Nutzenargumente erarbeiten wollen, dann zäumen Sie das Pferd vom Schwanz her auf. Vom jeweiligen Motiv ausgehend, schauen Sie sich die Merkmale an und fragen: "Welchen Nutzen bringen sie im Hinblick auf das ausgewählte Motiv?" Erarbeiten Sie zuerst stichwortartig die Nutzen-Kurzargumente. In der freien Rede werden sie dann vollständig gesprochen.
Beispiel: Nehmen wir an, Sie wollen von neun Motiven nur drei ansprechen, weil Sie diese drei als die stärksten Motive der Hörerschaft einschätzen. Unterstellen wir, daß das die Motive Nr. 3., 4. und 7. seien. Das folgende Schema verdeutlicht die Vorgehensweise am Beispiel des Motivs "Sicherheit".

Das Motiv, das gezielt angesprochen werden soll, heißt	Merkmal	Übersetzung	Nutzen (-Kurzargument)
S	Nußbaum:	–	–
I	Beine: vier	erhöhen	Stabilität.
C	**Tischplatte:**		
H	- Stärke:	garantiert	höhere Belastung.
E	- rechteckig:	–	–
R	- Kanten: gerundet:	mindert	Verletzungsgefahr.
H	- Fläche: 1,33 m^2	verschafft	viel Platz.
E	- Lasur:	verhindert	bleibende Flecke.
I	Tischhöhe:	–	–
T	Gewicht:	–	–
usw.			

Ob Sie
– vom Merkmal ausgehend durch Übersetzung zum Nutzen gelangen, und damit wahllos Motive ansprechen,

oder ob Sie
– vom ausgewählten Motiv ausgehend über das Merkmal zum Nutzen kommen und dadurch das bestimmte Motiv ansprechen:

Bei beiden Vorgehensweisen ist es möglich, ein Nutzenargument *mehrfach* zu *übersetzen.*

Haben Sie etwas gegen Spaß? Nein? Dann also los, mit einem Beispiel:
Frau X, eine *lasierte Tischplatte* kann Ihr Mann *schneller putzen. Schnelleres Putzen* spart Zeit. Durch die *gesparte Zeit* hat er mehr Zeit, sich *Ihnen zu widmen. Widmet er sich Ihnen,* dann *freuen Sie sich. Freuen Sie sich,* geht's *Ihrem Mann gut. Geht's dem gut,* sind die *Kinder glücklich.* Sind die *Kinder glücklich,* ist die *Familie froh.* Eine *frohe Familie* wünschen Sie sich doch sicher.

Um übersetzen zu können, müssen Sie Ihren "Tätigkeitswörter-Wortschatz" aktivieren. Hier eine bescheidene Auswahl, verbunden mit Anreden.

. . . dadurch sparen Sie . . .
. . . spart ihr . . .
. . . sparst du . . .
. . . sparen wir . . .

. . . das erspart Ihnen . . .
. . . das ermöglicht Ihnen . . .
. . . dadurch senken Sie . . .
. . . das garantiert Ihnen . . .
. . . garantiert euch . . .
. . . garantiert uns . . .
. . . garantiert dir . . .
. . . das hilft Ihnen . . .
. . . damit erreichen Sie . . .
. . . das zeigt Ihnen . . .
. . . das bedeutet für Sie . . .
. . . damit verbessern Sie . . .
. . . das bringt Ihnen . . .
. . . das sichert Ihnen . . .
. . . das steigert Ihren . . .
. . . das gibt Ihnen . . .
. . . dadurch mindern Sie . . .
. . . dadurch verhindern Sie . . .
. . . damit helfen Sie . . .
. . . damit ermöglichen Sie . . .
. . . daran erkennen Sie . . .
. . . das erlaubt Ihnen . . .
. . . damit schaffen Sie . . .
. . . damit bewirken Sie . . .
. . . dadurch erhöhen Sie . . .

Durch eine Sie-, Du-, Wir-Anrede fühlen sich die Hörer persönlich angesprochen. Diese Anrede aktiviert die Hörer, weckt in ihnen das Gefühl eines gleichwertigen, partnerschaftlichen Verhältnisses. "Wir" sagen Sie, wenn Sie sich in die Hörerschaft mit einbeziehen und auch innerhalb der Hörerschaft ein "Wir-Gefühl" entwickeln oder verstärken wollen. Seien Sie geizig mit dem "man". Wer ist "man"? "Man" nur dann, wenn Sie sich und die, für die Sie reden, absichtlich verstecken wollen/müssen. Ein paar Worte über das "Ich".

Rudolf Walter *Leonhardt* nahm es unter die Lupe: "Der Satz 'Wenn ich das Bild betrachte' kann so entpersönlicht werden: 1. wer das Bild betrachtet, der . . .; 2. wenn man das Bild betrachtet. Dazu 3. wenn das Bild betrachtet wird – und 4. wenn wir das Bild betrachten. Fazit: Wer 'ich' meint, soll auch 'ich' sagen." (56) Dieses Fazit gilt auch für das "Wir": Wer *wir* meint, soll auch *wir* sagen. Dieses "Wir" ist ein ganz anderes als das, mit dem Sie ein "Wir-Gefühl" wecken wollen. Wenn Sie es jedoch mit dem "ich" und "wir" übertreiben, fragen sich die Hörer schnell: "Und wo bleiben wir?"

Was empfinden Sie, wenn Sie ständig hören:
"Wir liefern Ihnen . . ."
"Ich (wir) zeige(n) Ihnen . . ."
"Wir beweisen Ihnen, daß . . ."
"Wir gewähren Ihnen ein Darlehen."
Sie verstecken sich bestimmt nicht, wenn Sie künftig häufiger einfließen lassen:
"Sie erhalten . . ."
"Sie sehen hier, meine Damen und Herren, . . ."
"Sie können sich selbst davon überzeugen, daß . . ."
"Sie erhalten von uns einen Kredit."

Die Hörer erwarten vom Redner, daß er ihre (stärksten) Motive (er-)kennt und sie durch Nutzenargumente anspricht. Durch Motivansprache bestätigt und festigt der Redner die Motive. Motivfestigung und -bestätigung ist Entscheidungshilfe; ist Hilfe, daß Hörer ihre nach den Entscheidungen folgenden Handlungen und deren Ergebnisse vor sich und anderen begründen können.

Ihre Bemerkungen zum 10. Kapitel:

Literaturhinweise:

Reiners, Ludwig: Stilfibel. 15. Aufl. München 1977
Schneider, Wolf: DEUTSCH FÜR PROFIS. Hamburg 1982
Ein paar Worte zu Ludwig *Reiners* und Wolf *Schneider:* Beide Autoren haben für die Schreiber geschrieben. *Schneider* nimmt besonders die Journalisten ins Visier. Trotzdem können Sie sich als Redner aus beiden Büchern so manche Rosinen pikken, die der Verständlichkeit und Wirksamkeit der Sprache schmecken. Resignieren Sie bei der Lektüre nicht. Wollten Sie alles praktizieren, was die beiden Autoren empfehlen, dürften Sie keinen Satz mehr schreiben und sprechen. Nicht vergessen: ". . . eine Rede ist ein für allemal keine Schreibe."

Auch die Bücher der beiden folgenden Autoren werden Sie mit einem lachenden und einem weinenden Auge lesen. Sie nehmen in einer witzig-spritzigen Art Modewörter und Moderedensarten aufs Korn.
Hirsch, Eike Christian: Deutsch für Besserwisser. 4. Aufl. Hamburg 1979. Mehr Deutsch für Besserwisser. 1. Aufl. Hamburg 1979
Weigel, Hans: Die Leiden der jungen Wörter. 3. Aufl. Zürich und München 1974
Büchmann, Georg: Geflügelte Worte. Neue Ausgabe, München/Zürich 1959
Mackensen, Lutz: 10 000 Zitate Redensarten Sprichwörter nach Anfängen und Stichworten alphabetisch geordnet. 2. Aufl. Hanau 1981
Zoozmann, Richard: Zitatenschatz der Weltliteratur. 12. Aufl. Königstein/Ts. 1980
Hein, Jürgen (Hrsg.): Deutsche Anekdoten. Stuttgart 1982
Menne, Albert: Einführung in die Logik. 3. Aufl. München 1981
Menne, Albert / *Frey*, G. (Hrsg.): Logik und Sprache. Bern 1974

11. Die nichtsprachlichen Wirkungsmittel des Redners (Körpersprache)

"Aus den VS – Nur für den Dienstgebrauch" bestimmten "Allgemeinen Hinweisen" des Bonner Auswärtigen Amtes für die offizielle Delegation, die Bundesaußenminister Hans-Dietrich Genscher nach Peking begleitete: "Körpersprache: Man sollte vermeiden, mit vor der Brust verschränkten oder beidseitig in der Hüfte abgestützten Händen zu stehen, da diese Haltung von den Chinesen als arrogant angesehen wird." (57)

Warum verschränken Menschen ihre Hände vor der Brust? Warum stehen Menschen mit beidseitig in der Hüfte abgestützten Händen da? Werden diese Haltungsweisen nur von Chinesen als arrogant empfunden? Wirken diese Haltungen auf deutsche Hörer anders? Wirke ich stärker mit dem gesprochenen Wort, oder spricht mein Körper die stärkere Sprache? Läßt sich mündliche Kommunikation von der nichtmündlichen überhaupt trennen? Fragen über Fragen. Bestimmt haben auch Sie einige Fragen zu einem Bereich menschlichen Verhaltens, dem Bereich der Kinesik.

Die *Kinesik* ist eine von dem Anthropologen R.L. *Birdswhistell* als Wissenschaft vom körperlichen Kommunikationsverhalten begründete Disziplin. Sie befaßt sich mit der Deutung der Körpersprache hinsichtlich ihres kommunikativen Ausdrucksgehalts. Ich benutze im folgenden den Begriff *Körpersprache,* weil er mir aussagekräftiger erscheint.

Der Körper spricht. "Warum können wir von einer Sprache des Körpers sprechen? Die einfache Antwort lautet: Weil der Mensch sein Körper *ist.* Er *hat* nicht einen Körper, wie wir fälschlicherweise zu sagen uns angewöhnt haben. Es *ist* wahrhaftig und ganz eindeutig sein Körper. An ihn ist seine Existenz in dieser Welt gebunden." (58) Daß der Körper spricht, drückt der Volksmund treffend aus, wenn er zum Beispiel sagt: "Dein Blick spricht Bände." Neben Blickkontakt und Mimik vermitteln auch Gesten und Körperhaltungen den Hörern viele Informationen. Ja: Häufig können wir *nur* aus dem körperlichen Ausdruck ersehen, daß der Redner das Gegenteil von dem sagte, was er meinte. "Es ist die Funktion der Sprache, daß sie verrät; aber es ist ihr fast übernatürliches Geheimnis, daß sie sich selbst, d.h. ihre Sprecher verrät." (59) Ich meine, daß diese Aussage auch für die Körpersprache gelten kann. Es gibt Redner, die mündlich einen bestimmten Eindruck erwecken wollen. Das gelingt ihnen jedoch nicht, weil ihre Körpersprache ihre Worte und damit die Redner verrät. (Abb. 1)

"Die xy-GmbH,
meine Damen und Herren,
ist ein *großes* Unternehmen,
das . . . "

Abb. 1

Obwohl Fühlen, Denken, Sprache und Körpersprache voneinander abhängen, will ich im folgenden die Körpersprache – und von ihr wiederum nur die Kriterien: Körperhaltung, Blickkontakt, Gestik, räumliche Distanzveränderungen – isoliert

betrachten. Ich bin mir bewußt, daß eine isolierte Betrachtung körpersprachlichen Ausdrucksverhaltens gefährlich ist. Gefährlich deshalb, weil die Versuchung immer groß ist, ein Lexikon körpersprachlicher Begriffe verfassen zu wollen. Und weil dann die Gefahr besteht, daß vom Einzelausdruck auf den Gesamteindruck des Redners geschlossen wird. Beispiel: Hand in der Hosentasche = Lümmel. Nase rümpfen = mit Meinung nicht einverstanden. So einfach ist das, wie es sich leider manche Autoren und Seminarleiter machen, nicht. Der Redner kann die Hand in die Hosentasche gesteckt haben, weil er sein Taschentuch herausnehmen will, und die Nase rümpft er, weil er ein Niesen vermeiden will. Viele körpersprachliche Signale sind mehrdeutig. Eine hinreichende Deutung ist nur in Verbindung mit dem mündlichen Ausdruck und Inhalt, mit der Redesituation möglich. Wenn ich mich trotzdem auf eine isolierte Betrachtungsweise einlasse, hat das folgende Gründe: 1. Aufgrund häufiger Beobachtungen und langer Erfahrungen sind manche körpersprachlichen Signale ziemlich eindeutig, sie haben für eine hinreichende Deutung einen hohen Wahrscheinlichkeitsgrad.
2. Die in der Vergangenheit gewonnenen Erkenntnisse werden durch fortwährende Beobachtungen in der Redepraxis und Seminararbeit ständig geprüft und meistens neu bestätigt. (Trotz intellektueller Redlichkeit: Ein Minimum von: “Man sieht und stellt nur das fest, was man sehen und feststellen wollte” ist nie völlig auszuschließen).
3. Sie erwarten auch von diesem Buch einige Informationen über die Körpersprache und Ratschläge für Ihre Redepraxis.

11.1 Körperhaltung und Blickkontakt

Wenn gesagt wird: “Haltung bewahren”, dann ist damit bestimmt nicht die uns von den Tieren unterscheidende Körperhaltung mit aufrechtem Gang und Stand gemeint. Die Aussage bezieht sich auf die innere (seelische) Haltung, auf die mehr oder weniger dauerhafte Einstellung einer Person (Dreistigkeit, Ernst, Schüchternheit, Stolz, Untertänigkeit); auf die auch gegenüber Belastungen standhaltende Festigkeit des Charakters, besonders im Bereich der Gesinnungen und Zielsetzungen. Die innere Haltung kann sich in der Körperhaltung ausdrücken.

Unter *Körperhaltung* verstehe ich sowohl die Haltung, die ein Redner momentan stehend oder sitzend einnimmt, als auch Bewegungen, die seine Körperhaltung verändern (zum Beispiel: Verlagerung des Körpergewichtes auf das Stand- oder Spielbein, Überschlagen der Beine, Bewegung der Füße). In der Körperhaltung des Redners erkennen die Zuhörer seine Beziehung zur Redesituation. Nach Baldur *Kirchners* (60) Erfahrung ist diese Beziehung durch Zuwendung oder Abwendung gekennzeichnet.

Offene Körperhaltung im Stehen

Eine Körperhaltung, die Zuwendung signalisiert, nenne ich eine offene Körperhaltung (abgekürzt: OH). Offen ist die Körperhaltung, wenn der Redner die “Vorderfront” seines Körpers zeigt und den Halsraum, besonders den Brust- und Bauchraum nicht hinter Armen und Händen verbirgt. Die offene Körperhaltung ist in der Regel mit einem die Hörer ansehenden Blick verbunden. Ein paar Bilder sagen hier mehr als 1 000 Worte.

Abb. 2

Haltung OH 1 (Abb. 2):
Sie ist offen. Nur: Wenn Sie längere Zeit so stehen und reden, wirken Sie steif, etwas puppig. Viele Seminarteilnehmer sagten mir: “Wenn ich lange so stehe, fühle ich, wie meine Arme immer länger und schwerer werden, sie ziehen meinen Oberkörper runter, ich bekomme Luftbeschwerden.” Außerdem: Die Unterarme und Hände befinden sich unterhalb der “Gürtellinie”. Wenn gestikuliert wird (siehe Abschnitt: “Die Gesten”), dann geschieht das meistens im unteren, von den Hörern als “negativ” empfundenen Bereich. Häufig ist zu beobachten, daß sich Arme und Hände seitlich vom Körper wegbewegen und dann wieder zurückfallen (Abb. 3). “Was soll ich machen? Hier steh ich nun und kann nicht anders.” Viele Hörer empfinden diese Gestik als resignativ.

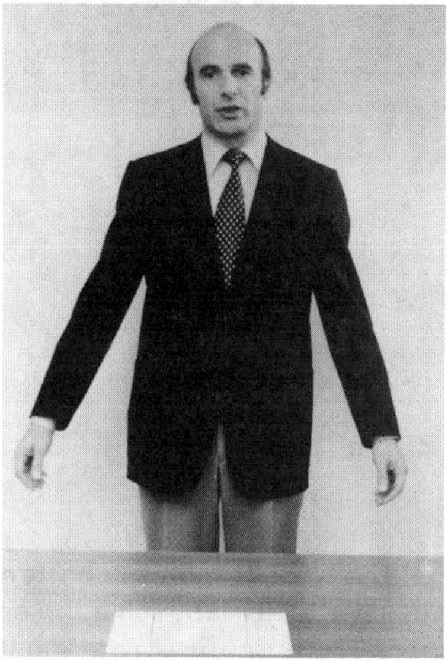

Abb. 3

Abb. 4

Haltung OH 2 (Abb. 4): Sie ist offen. Nur: Wenn Sie längere Zeit so stehen und reden, wirken Sie amputiert.

Abb. 5

Abb. 6

Haltung OH "Rückfront" (Abb. 5): Sie fesseln sich. Sie halten sich fest. Gestik wird verhindert, sie ist gleich Null. Ich habe es selten erlebt, daß Redner aus dieser Haltung die Arme nach vorn und über die Gürtellinie brachten. Wenn diese Redner sich losließen, gerieten sie meistens in die Haltung OH 1.

Haltung OH 3 (Abb. 6): Sie ist offen. Nur: Wenn Sie längere Zeit so stehen, blicken und reden, wirken Sie arrogant, überheblich. Durch den Blick zur Decke (Alles Gute kommt von oben. Hilf mir! Aber ER ist in diesem Moment weit weg!), zum Fenster hinaus, knapp über die Köpfe der Hörer, ist der Kontakt zu den Hörern unterbrochen. Dieser Blick über lange Zeit ist Abwendung, Flucht. Die Hörer fühlen sich von Ihnen abgelehnt, und das schlägt auf Sie zurück. Die Hörer lehnen Sie ab, auch wenn Ihr Thema noch so interessant sein sollte. Durch unzureichenden oder fehlenden *Blickkontakt* bringen Sie sich um Ihre Wirksamkeit! Sie wissen: Die Hörer beziehen ihre

Informationen nicht nur aus dem *WAS* des Gesagten, sondern auch aus dem *WIE* des Gesagten. Dazu zählt in hohem Maße der Blickkontakt. Er ist eine starke Brücke zwischen Ihnen und den Hörern. Für einen unzureichenden oder gar fehlenden Blickkontakt lassen sich viele Gründe anführen. Lesen Sie bitte hierzu nochmals den TEIL II "Die Angst vorm freien Reden". Ich werde immer wieder versuchen, ein offenbar unausrottbares Vorurteil zu bekämpfen. Es lautet: Wer einem nicht lange und fest genug in die Augen schaue, der habe etwas zu verbergen. Richtig, der verbirgt etwas. Aber doch nicht – wie der Volksmund immer sagt – ständig nur Lug und Trug, Falschheit, Hinterhältigkeit und Linkheit, sondern nur seine Unsicherheit. Woher die stammt, das steht auf vielen anderen Blättern.

Schauen Sie Ihre Hörer an. Blickkontakt schafft Kontakt, ermöglicht Rückkopplung. Anschauen heißt nicht anstarren oder fixieren. Das hält kein Mensch lange aus; weder Sie noch der Hörer. Lassen Sie Ihren Kopf nicht von Gesicht zu Gesicht flitzen. Fassen Sie die Gesichter von drei bis vier nebeneinander sitzenden Hörern zu einem Block zusammen. Verweilen Sie mit Ihrem Blick länger in diesem Gesichter-Block. Jeder dieser Hörer wird das Gefühl haben, als sprächen Sie nur zu ihm.

Abb. 7

Abb. 8

Haltung OH 4 (Abb. 7): Nach meiner Definition ist das eine offene Körperhaltung. Nur: Wenn Sie längere Zeit so stehen und reden, wirken Sie dienernd, unterwürfig, demütig, geschlagen, hilflos, resignierend. Zu den Punkten "Hände auf den Rücken" und "Blickkontakt" gilt, was ich zu den Haltungen OH 2 und OH 4 geschrieben habe.
Haltung OH 5 (Abb. 8): Sie ist offen. Der Redner weiß nicht: "Wohin mit den Händen?" Er sucht aufgrund seiner Verspannung und Unsicherheit Halt. Stehen und reden Sie längere Zeit so, ist Gestik gleich Null. Sie wirken auf die Hörer herausfordernd und wecken vielleicht – nicht nur bei Chinesen – Aggressionen. Durch ein sehr breitbeiniges Dastehen wird diese Wirkung noch verstärkt. Seminarteilnehmer, die den Wehrdienst absolviert hatten, sagten beim Abspielen der Videobänder: "Wie mein Unteroffizier vor der Truppe."

Abb. 9

Abb. 10

Haltung OH 6 (Abb. 9): Die Haltung ist offen. Ein Arm/Hand wird hinter dem Körper gehalten, der Brustraum ist nicht verdeckt. Der andere Arm befindet sich oberhalb der Gürtellinie, in einer von den Hörern als positiv empfundenen Ebene. Im Vergleich zu den Haltungen OH 2, OH 3, OH 4 und OH 5 kann bei Haltung OH 6 wenigstens ein (e) Arm/Hand "sprechen".
Haltung OH 7 (Abb. 10): Die Haltung ist offen. Im Gegensatz zur Haltung OH 6 ist der zweite Arm nicht versteckt. Ansonsten gilt das zur Haltung OH 6 Gesagte.

Abb. 11

Haltung OH 8 (Abb. 11): Das ist eine offene Haltung, die ich Rednern als Grundhaltung empfehle. Warum? Beide Arme/Hände befinden sich in der als positiv empfundenen Ebene. Die Arme/Hände halten sich nicht fest. Wenn sie sprechen wollen, dann können sie das. Diese Sprache wird zu Ihnen passen; ja, sie wird der gesamten Redesituation angemessen sein. Die Beine sind leicht gegrätscht (ca. zwei Handbreiten), die Füße haben volle Bodenhaftung. Gehen Sie gleich zu Beginn der Rede in diese Grundhaltung. Weil Sie, wie ich vermute, bisher anders standen, werden Sie sich die ersten Male in dieser Grundposition komisch vorkommen. Dieses Gefühl einer gewissen Künstlichkeit verschwindet sehr schnell. Auf die Hörer wirkt diese Grundhaltung auf keinen Fall komisch oder sogar blöde.

Geschlossene Körperhaltung im Stehen

Geschlossen ist die Körperhaltung, wenn der Redner die Vorderfront seines Körpers zeigt, den Brust-Bauchraum und manchmal die Genitalzone jedoch hinter Armen und Händen verbirgt. Hierzu einige Bilder von geschlossenen Haltungen mit Blickkontakt. Fehlt er oder ist er mangelhaft, verstärkt sich der Eindruck der Ge-(Ver-)schlossenheit noch.

Abb. 12

Abb. 13

Abb. 14

Abb. 15

Abb. 16

Auch diese Körperhaltungen des Redners (Abb. 17 und Abb. 18) drücken seine Beziehungen zur Redesituation aus.

Abb. 17

Abb. 18

Wie kommt es zu diesen Haltungen? Antworten auf diese Frage werden Sie finden, wenn Sie nochmals TEIL II "Die Angst vorm freien Reden" lesen. Wie wirken diese geschlossenen Haltungen auf Sie? Wenn Sie sich nicht loslassen, sondern festhalten, können Ihre Arme/Hände keine Gestik zeigen. Außerdem: Belasten die Arme den Brustkorb, geraten Sie noch mehr in Atemnot. Die Wirkungen dieser geschlossenen Haltungen auf die Hörer: Sie öffnen sich gegenüber den Hörern nicht; Sie wirken verschlossen. Das vergrößert die soziale Distanz. Die empfinden die Hörer als Ablehnung, worauf sie entsprechend reagieren.

Offene Körperhaltung im Sitzen

Gespräche werden meistens sitzend geführt. Über den während eines Dialoges ablaufenden Kommunikationsprozeß und den damit verbundenen Körperhaltungen will ich im Rahmen dieses Buches nichts sagen. Reden Sie sitzend zu einer Hörerschaft, empfehle ich Ihnen die folgenden Körperhaltungen (Abb. 19 und Abb. 20).

Abb. 19

Abb. 20

Diese Körperhaltungen sind offen. Die Arme liegen bis zu den Ellbogen (manchmal darüber hinaus) auf der Tischplatte. Das gibt den Armen Halt. Diese Haltung beschert Ihnen keine Atembeschwerden und ermöglicht Gestik. Redner, die Angst haben, „hängen" meistens auf der Stuhlkante. Das führt zu geschlossenen Haltungen. Deshalb: Setzen Sie sich richtig auf und in den Stuhl. Das ermöglicht (Lachen Sie nicht!) volle Gesäß- und teilweise Oberschenkelhaftung. Beide Fußsohlen voll auf den Boden. Sollte in einigen Fällen kein Rednertisch vorhanden sein – Sie sitzen zum Beispiel mit den Hörern in einem Kreis – empfehle ich folgende Sitzhaltung (Abb. 21):

Abb. 21

Geschlossene Körperhaltung im Sitzen

Abb. 22

Abb. 23

seitlich: Abb. 24

Die Bodenhaftung der Füße

Vera F. *Birkenbihl* schreibt: "Wenn wir von einem Menschen sagen, er sei stand-haft, dann beschreiben wir damit nicht nur seine innere Haltung, sondern wir sagen auch etwas über seine Art der Boden-Haftung aus." Die Autorin zitiert dazu den amerikanischen Psychoanalytiker A. *Lowen*: "Das Problem der emotionalen Sicherheit eines Menschen kann nicht getrennt werden von der Frage nach der physikalischen Sicherheit, nach seiner Bodenhaftung durch die Füße." (61)

Beachten Sie künftig häufiger (soweit das möglich ist) die Fußhaltung von Rednern, die stehend oder sitzend sprechen. Ängstliche, unsichere Redner erkennen Sie unter anderem auch an der geringen Bodenhaftung (Abb. 25 bis Abb. 27).

Abb. 25

Abb. 26

Abb. 27

Seminarteilnehmer lächeln oft, wenn ich ihnen rate: "Besonders zu Beginn der Rede, Füße voll auf den Boden; dadurch sind Sie besser geerdet, und Verspannung kann schneller abfließen."

Volle Bodenhaftung verleiht im wörtlichen Sinn mehr Standfestigkeit, und die wirkt sich vorteilhaft auf das Stehvermögen im übertragenen Sinn aus. Nicht umsonst kennt unsere Sprache viele Redewendungen, zum Beispiel: Mit beiden Beinen im Leben stehen; jemandem widerstehen; für etwas einstehen.

Stehend oder sitzend reden?

Die Frage muß lauten: Stehend und/oder sitzend reden? Auch auf diese Frage gibt es – wie so häufig im Verhaltensbereich – als Antwort kein Patentrezept. Die Beachtung folgender Faustregeln kann Ihnen helfen:

Reden Sie stehend

- bei öffentlichen, offiziellen Anlässen;
- bei festlichen, feierlichen Anlässen;
- wenn die Hörer Sie nicht kennen;
- wenn Sie einen Redegegenstand besonders intensiv vermitteln wollen;
- bei Reden mit starkem Aufforderungscharakter;
- bei Überzeugungsreden;
- wenn Sie etwas demonstrieren;
- wenn Sie eine Zusammenkunft eröffnen;
- wenn Sie zu einer großen Hörerschaft sprechen;
- wenn Sie, auch bei kleineren Gruppen, besser gesehen werden wollen. Das ist besonders bei ungünstiger Anordnung der Sitzgelegenheiten zu empfehlen; zum Beispiel:

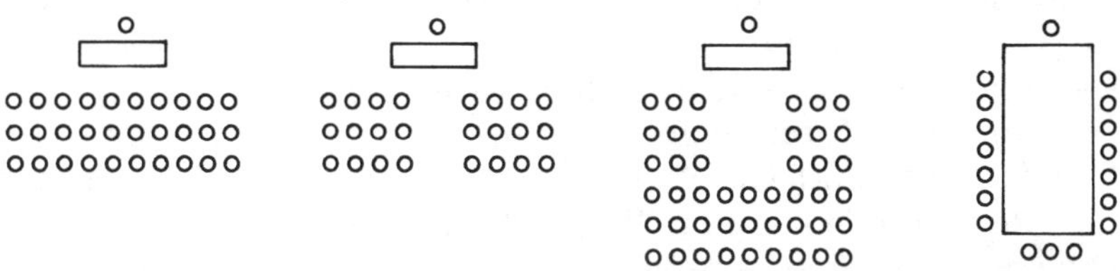

Es redet sich übrigens stehend leichter als sitzend. Hinter Ihren Worten steckt mehr Kraft. Ihre Arme und Hände haben für Gesten einen größeren Bewegungsspielraum. Redeneulinge wollen das nicht glauben. Warum nicht? Weil sie im Stehend-Reden nicht geübt sind. Sie empfinden – zunächst verständlich – die körperlich herausgehobene Stellung als "Entblößung", als "Stehen im Rampenlicht".

Reden Sie sitzend
- bei weniger offiziellen Anlässen;
- wenn die Hörerschaft eine relativ kleine Gruppe ist (bis ca. 20 Personen) (und)
- wenn die Sitzordnung günstig ist; zum Beispiel:

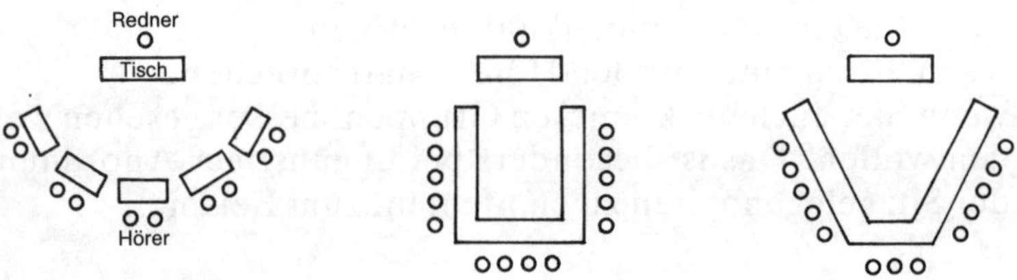

- wenn Sie die Hörer kennen und zu ihnen schon einen guten Kontakt haben;
- wenn nach der Rede diskutiert wird;
- wenn Sie (Hörer nicht bekannt, kleine Gruppe, günstige Sitzordnung) von Anfang an *zeigen wollen*, daß Sie mit den Hörern in einem Boot sitzen;
- wenn Sie zu einer sehr kleinen Gruppe (bis etwa 8 Personen) sprechen. Reden Sie vor einer solchen Gruppe längere Zeit stehend, spüren die Hörer ein stark physisches Gefälle; die Hörer "fühlen sich erschlagen".

Reden Sie stehend und sitzend
- wenn/bei: siehe Seite 139 und 140.
- wenn (Kurz-) Rede und Gespräch/Diskussion ständig wechseln;
- wenn Sie auch durch Ihre Körperhaltung Abwechslung in die Rede bringen wollen (. . . aber bitte keine Vermerke ins Manuskript, etwa: "Bei Stichwort xy aufstehen!"). Die Situation, Ihr Körper wird es Ihnen sagen, wann Sie aufstehen und sich wieder setzen sollen. Verlassen Sie sich auf ihn.

11.2 Die Distanzzonen

Das Gehen vor der Hörerschaft

Ich werde oft gefragt: "Darf ich als Redner vor den Hörern hin und her gehen?" Antwort: "Ja, lassen Sie sich, lassen Sie Ihren Körper gehen, wenn er will. Die Frage ist nur, was der Redner unter dem Hin- und Hergehen versteht."

Hüten Sie sich vor dem "Tigergang":

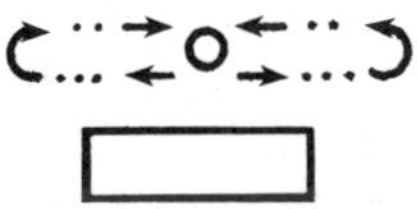

oder vor dem "Tigergang" über die volle Raumbreite:

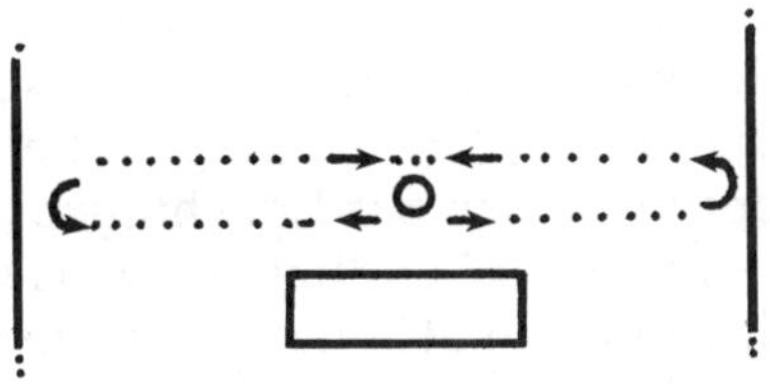

Folgen: Die Köpfe der Hörer fliegen hin und her, die Köpfe gehen mit, es entsteht der Tenniseffekt. Der Redner (meistens Hände auf dem Rücken) hält kaum noch Blickkontakt (er spricht zur Wand), seine Verständlichkeit leidet. Die Hörer folgen mehr seinen Bewegungen, weniger seinen Worten. Knarrt noch der Fußboden, wird es besonders lästig.

Wenn Sie gehen, dann so:

Die Distanzzonen

Bestimmt haben Sie sich schon öfter sehr unbehaglich gefühlt, wenn Ihnen ein Mensch, den Sie nicht oder nur flüchtig kannten oder der Ihnen unsympathisch war, “zu nahe kam”, ”Ihnen auf die Pelle oder den Leib rückte”. Unwillkürlich ergriffen Sie die “Flucht”, das heißt, Sie sind ein bis zwei Schritte zurückgewichen, um wieder den *für Sie normalen* Abstand zu gewinnen. Wenn Sie mit fremden Leuten in einem vollbesetzten Fahrstuhl fahren, werden Sie die Beklemmung besonders stark spüren. Flucht durch Schritte zurück ist in einem solchen Fahrstuhl nicht möglich, weil Sie sonst die anderen anrempeln oder ihnen auf die Füße treten würden. Sie flüchten mit dem Kopf. Vielleicht schauen Sie auf den Mantelknopf Ihres Gegenübers, oder Sie blicken zur Decke, oder Sie sehen zur Leuchtanzeige und warten sehnsüchtig darauf, wann “er” endlich in der vierten Etage ist. Sie behandeln die anderen als Nicht-Personen. Wie ist das also mit Nähe und Abstand, mit den Distanzen? Damit wollen wir uns beschäftigen, soweit es das Verhältnis Redner-Hörer betrifft.

Der amerikanische Wissenschaftler Edward T. *Hall* (62) hat den uns umgebenden Raum in vier Distanzen (intime, persönliche, soziale und öffentliche Distanz) eingeteilt, um die Abstände, die uns von anderen Menschen trennen, zu beschreiben. Ich nenne diese vier Distanzen:

1. Intimzone: 0 (Berührung) bis etwa 60 cm,
2. persönliche Zone: etwa 60 cm bis etwa 1,50 m,
3. gesellschaftliche Zone: etwa 1,50 m bis etwa 4 m,
4. öffentliche Zone: etwa 4 m bis 8 m und mehr.

Die Maßangaben beziehen sich mehr auf das deutschsprachige Gebiet. In anderen Kulturkreisen (zum Beispiel Südeuropa) variieren diese Distanzen.

Die Intimzone

Ähnlich wie das Tier beansprucht auch der Mensch unbewußt ein bestimmtes Revier für sich. In dem will er für sich allein sein. Es "gehört" ihm. Es gibt Menschen, die ständig – unbewußt oder absichtlich – den engsten Lebensraum der anderen verletzen; durch "zu-nahe-Treten", durch "Heranrücken", durch Armbewegungen zu anderen hin, bis zur Berührung. Die Folgen: Die Menschen flüchten vor dem "Angreifer", oder sie werden aggressiv und treten in verschiedener Art und Weise zum "Gegenangriff" an. Das Eindringen in die Intimzone eines anderen muß jedoch differenziert gesehen werden. Nicht jeder oder jede, der oder die uns zu nahe kommt, ist ja ein "Feind". Vera F. *Birkenbihl* fragt, unter welcher Bedingung wir jemanden in unsere Intimzone eintreten lassen und antwortet: "Die Bedingung, unter der wir jemanden freiwillig in unsere Intimzone eintreten lassen, ist Vertrauen." (63)

Die persönliche Zone

Diese Zone bezeichne ich als erweiterte Intimzone. In ihr herrscht auch noch eine Atmosphäre der Vertrautheit. "In unsere persönliche Zone lassen wir freiwillig all jene Personen hinein, mit denen wir nicht so intim sind, daß sie unsere Intimzone betreten dürfen, die uns aber auch nicht so fremd sind, daß sie in unserer nächstweiteren Zone verbleiben müßten." (64)

Die gesellschaftliche Zone

Das ist die Zone für die mehr offiziellen gesellschaftlichen und geschäftlichen Anlässe; auch Zone für die mehr oberflächlichen Kontakte (zum Beispiel: Gespräch im Büroflur zwischen zwei Kollegen aus verschiedenen Abteilungen).

Die öffentliche Zone

Mit "öffentlich" ist hier nicht "Öffentlichkeit", sondern die Distanz gemeint, die gemeinhin gewahrt wird, wenn einer zu einer Gruppe von Menschen spricht. Es ist die Zone, in der sich Redner überwiegend aufhalten und bewegen.

Ratschläge für den Redner:

- Halten Sie sich überwiegend in der öffentlichen Zone auf.
- In die gesellschaftliche Zone (besonders in die persönliche Zone) sollten Sie sich – wenn überhaupt – nur kurzfristig begeben oder sich in ihr aufhalten. Und das auch nur dann, wenn Sie meinen, einen besonders guten Kontakt zu den Hörern zu haben.
- Verletzen Sie nicht die Intimzone. Der Redner, der die Intimzone der Hörer mißachtet, mißachtet auch die Hörer.

Vielleicht kennen Sie Kollegen, Chefs, Lehrer, Trainer . . ., die häufig die öffentliche Zone verlassen und in die persönliche Zone der Hörer eindringen. Von dort übertreten sie die Grenze zur Intimzone, wenn sie mit ausgestrecktem Arm und (oft) Zeigefinger vor den erschreckten Gesichtern der Hörer herumfuchteln. Manche Redner agieren aus der persönlichen Zone mit Kugelschreiber oder ausgezogenem Zeigestab (die verlängerten Zeigefinger!) in der Hand. Ich kannte einen Lehrer, der umkreiste (nicht nur, wenn Arbeiten geschrieben wurden) wie ein Geier die Klasse. Ab und zu blieb er (auch das noch!) *hinter* einem Klassenkameraden stehen und sprach zu den anderen. Glauben Sie, daß dieser Schüler dem Lehrer zugehört hat?

11.3 Die Gesten

Neben Mimik, Körperhaltung, Blickkontakt, dem Verringern oder Vergrößern der Distanzzonen, vermitteln auch die Gesten des Redners viele Informationen.

Die Geste (von lat. gestus = Bewegung, Haltung, Gebärde) ist eine körperliche Ausdrucksbewegung. Gestik ist die Gesamtheit der körperlichen Ausdrucksbewegungen. Ich verstehe unter Gesten (Gestik) im engeren Sinn die Bewegungen des Redners, die er mit den Armen, Händen und Fingern ausführt. Gesten begleiten, ergänzen die gesprochenen Worte oder ersetzen sie manchmal. Gesten "halten" Wörter, verstärken Wörter oder schwächen sie ab; Gesten überbrücken Distanzen, transportieren Wörter.

Auf die Ihnen schon bekannte Frage, die ich zu Beginn eines Rhetorikseminars an die Teilnehmer richte, antworten viele: "Ich möchte Gestik lernen." – "Ich will richtig Gestik trainieren." – "Ich möchte meine Gestik verbessern." Diese Wünsche sind verständlich. Wem in der Kindheit und Jugend die Regel: "Man spricht nicht mit Händen und Füßen" mit deutscher Gründlichkeit "eingebleut" wurde, spürt als Erwachsener ein Defizit. Gesten im eigentlichen Sinn sind unwillkürliche Bewegungen und Reflexbewegungen. Die ab und zu mit Bewußtsein ausgeführten Bewegungen rechne ich im engeren Sinn nicht zu den Gesten. Weil bewußt von anderen übernommen und ausgeführt, wirkt diese "Gestik" auf Hörer gekünstelt, störend, häufig lächerlich. Gestik (das bezieht sich nicht auf die Schauspielkunst und Pantomime) kann man nicht lernen, schon gar keine richtige. Oder wollen Sie zu der Sorte von Rednern gehören, die ein Kreuzchen neben die 23. Zeile des wörtlichen Manuskriptes setzen und dort vermerken: "Hand zur Faust ballen" – um dann, an der 23. Zeile angelangt, festzustellen, daß die Wut oder der Führungswille erst in der 34. Zeile hätte gezeigt werden müssen?

Ratschlag

Gehen Sie von Redebeginn an in die körperliche Grundhaltung (siehe Seite 130). Halten Sie sich überwiegend in dieser Position. Wenn Sie sich nicht festhalten, sondern loslassen, werden Ihre Arme und Hände sprechen; eine *Sprache,* die zu Ihrer Person, zur Redesituation paßt. Körperliche Grundposition – und Sie können Gestik vergessen! Widmen Sie sich lieber der Verständlichkeit und Wirksamkeit der (mündlichen) Sprache.

Ihre Bemerkungen zum 11. Kapitel:

Literaturhinweise:

Birkenbihl, Vera F.: Signale des Körpers und was sie aussagen. München 1979
Stangl, Anton: Die Sprache des Körpers. Düsseldorf und Wien 1977
Hall, Edward T.: Die Sprache des Raumes. Düsseldorf 1976
Fast, Julius: Körpersprache. Reinbek bei Hamburg 1979

12. Die Unterstützung der freien Rede durch optische Hilfsmittel

Wer anschaulich spricht und anschauen läßt, erhöht die Verständlichkeit und Wirsamkeit der Rede. Fragen Sie sich immer, ob Sie Ihren Hörern auch etwas zeigen können; damit sich die Hörer nicht nur durch Hören ein Bild machen können. Ich will nicht darüber streiten, ob die *Bilderflut* unserer Zeit unsere Kultur bedroht, die Menschen zu nicht denkenden Wesen werden läßt. Schuld haben nicht die Bilder – es ist die Hand, die das Messer führt. Wer als Redner nur mit der Sprache arbeitet, übertreibt genauso, wie der Redner, der eine Folie nach der anderen auf den Tageslichtprojektor schmeißt und etwas – kaum noch vernehmbar – zur Leinwand murmelt. Man kann alles übertreiben. Fest steht, daß der Mensch durch Wahrnehmung über mehrere Sinnesorgane unmittelbar und nachhaltig begreift; im Unterschied zur mittelbaren, verstandesmäßigen Erfassung.

Obwohl viele Redner um die Wirksamkeit optischer Hilfsmittel wissen, setzen sie sie zu wenig oder gar nicht ein. Grund: Scheu, ja Angst!. Angst, als Redner linkisch zu wirken oder wie ein Marktschreier aufzutreten. Wie lernen kleine Kinder Zahlen und ABC-Schützen das Rechnen? Nach Jean *Piaget* vollzieht sich beim Menschen die Herausbildung des Zahlbegriffes im Übergang vom anschaulichen zum operativen Denken. Das Kleinkind verwendet Zahlworte unverstanden, erwirbt aber durch Zählen konkreter Dinge – zum Beispiel mittels der Finger – eine anschaulich gebundene Zahlvorstellung. Erst später kommt es zur Aneignung des Zahlbegriffes. Der ABC-Schütze lernt nicht, daß 1 + 1 gleich 2 ist, sondern daß 1 Apfel und 1 Apfel 2 Äpfel sind. Er kann die Äpfel sehen, anfassen, greifen und lernt so Begreifen. Nur wir Erwachsenen meinen, daß es mit dem Prinzip der Anschaulichkeit spätestens mit dem 18. Lebensjahr ein Ende haben müsse. Danach tragen wir schwer am Erbe der mehr kopflastigen Kultur des Abendlandes, die das Denken zum Primat allen Handelns erhoben hat. Sind wir nicht, auch als Ältergewordene, immer Kinder geblieben? Ich meine: ja! Nach dem römischen Satiriker und Redner *Juvenal* (zwischen 60 und 140 n.Chr.) wollen die Menschen Brot und Spiele. (65) Wenn ich das sehr frei auf unser Thema übertrage, heißt das: Die Hörer brauchen Worte (Informationen) und Sicht- und Greifbares.

Welche Vorteile bringt Ihnen die Unterstützung des gesprochenen Wortes durch optische Hilfsmittel?
- Ihre Rede wird abwechslungsreicher; das verbessert die Aufmerksamkeit, erhöht die Konzentration der Hörer;
- Abstraktes wird anschaulich und dadurch leichter verständlich;
- die vermittelten Redeinhalte haften länger im Gedächtnis.

Im folgenden will ich einige optische Hilfsmittel vorstellen, die das gesprochene Wort unterstüzen, nicht ersetzen sollen.

12.1 Wandtafel

Früher war sie das optische Hilfsmittel Nr. 1. Heute, viel belächelt und durch andere Hilfsmittel zurückgedrängt, hat sie wegen ihrer Nachteile an Bedeutung verloren. Der Redner mußte beim Schreiben den Hörern den Rücken zudrehen. Transportierbarkeit: Wegen Festmontage oder wegen des zu hohen Gewichtes freistehender Tafeln nicht möglich. Die

Gestaltung von Zeichnungen und Text verursachte einen beträchtlichen Zeitaufwand. War die Tafel vollgeschrieben, mußten die Texte und Zeichnungen erst mit Schwamm und Wasser gelöscht werden, um neue anschreiben zu können. Trotz dieser Nachteile ist das Arbeiten mit einer solchen Tafel immer noch besser, als nur mündlich zu agieren. Wenn eine Wandtafel vorhanden ist: Benutzen Sie sie. Überwinden Sie Ihre vielleicht noch aus der Schule stammende Aversion (Tafeldienst!) gegen das gute alte Stück! Um einige der genannten Nachteile auszumerzen, hat sich die Industrie raffinierte Wandtafelkonstruktionen ausgedacht. Die Tafeln lassen sich mit Spezialstiften beschriften. Abgewischt wird mit einem Tuch oder mit einem in eine Fassung eingepaßten, chemisch präparierten Schwamm. Weil die Wände weiß sind, eignen sie sich als Projektionsfläche. Man spart die Leinwand.

12.2 Flip-Chart

Die Abbildung I (Foto: Neuland Kommunikationssysteme, 6405 Eichenzell 2) zeigt ein solches Gerät:

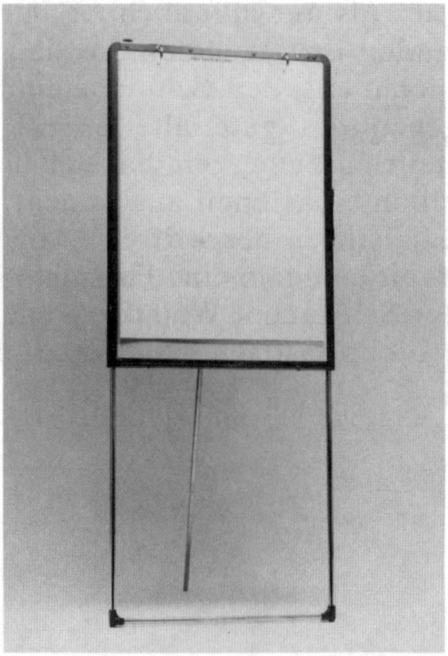

Abb. I

Auf den Seiten der Papierblöcke (blanko, kariert) lassen sich Redegliederungen, Themen/Überschriften, schwierige Begriffe, Stichwörter, Zahlen, Zeichnungen vorbereiten und später wieder verwenden. Außerdem bleibt noch viel Reserve für das Schreiben und Zeichnen. Sie können die Seiten nach hinten und – bei Bedarf – wieder nach vorn schlagen. Beschriftet wird mit Spezialstiften. Wählen Sie dunkle Farben und schreiben/zeichnen Sie groß und deutlich, damit auch die weiter entfernt sitzenden Hörer etwas sehen. Druckschrift ist hier besser als Schreibschrift. Bereiten Sie die meisten Seiten vor; denn viel Schreiben und Zeichnen während der Rede kostet Zeit. Außerdem besteht die Gefahr des Hinschmierens und des zu lange unterbrochenen Blickkontaktes zu den Hörern. Das abgebildete Gerät läßt sich einfach auf- und abbauen. Die Gestellunterkonstruktion ist im Rahmen versenkbar. In eine Tasche verpackt und mit einem Tragegriff versehen, ist das Flip-Chart ein bequem transportierbares System zur optischen Unterstützung des gesprochenen Wortes.

12.3 Tageslichtprojektor

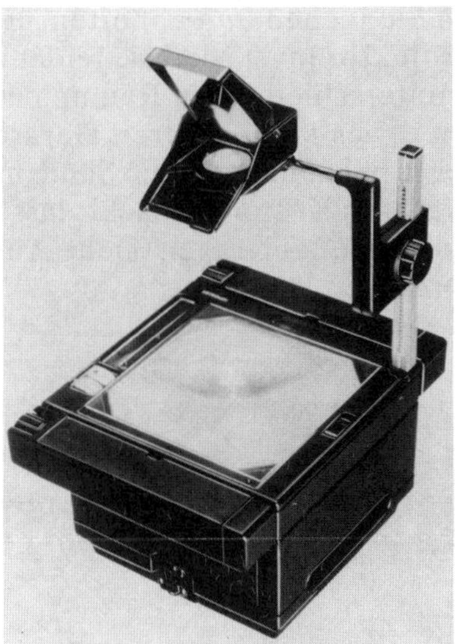

Abb. II

Dieses Gerät (Abb. II, Foto: roto INTERNATIONAL, 2000 Hamburg 50) auch unter dem Namen "Overhead-Projektor" bekannt, erlaubt *im unverdunkelten Raum* die Projektion von auf durchsichtige Folien Geschriebenem und Gezeichnetem auf eine Leinwand. Vorlagen aus Papier lassen sich nicht projizieren. Das Schriftliche oder Graphische wird mit Hilfe von Kopierverfahren oder direkt durch Schreiben und Zeichnen (spezielle Stifte) auf die Transparentfolie gebracht.

Die meisten Geräte sind mit einer Folienrolle ausgerüstet. Diese ermöglicht den Transport beschriebener Folienteilstücke auf die Leerrolle und bei Bedarf den

Rücktransport der Informationen auf die Projektionsfläche. Bei der Arbeit mit Einzelfolien bieten diese Geräte noch einen Vorteil: Ein zum Beispiel auf eine Einzelfolie aufgebrachtes Auftragsformular wird unter das Folienband geschoben. Die Hörer sehen auf der Leinwand das Auftragsformular. Der Redner füllt nun *auf der Folienrolle* das Formular aus. Nachdem er das Formular besprochen hat, zieht er die Einzelfolie weg. Diese bleibt "unbeschädigt" und kann wieder verwendet werden. Die auf der Folienrolle verbliebenen Eintragungen "verschwinden" durch das Weiterdrehen der Rolle. Einzelfolien, die Sie immer wieder gebrauchen wollen, sollten Sie mit speziellen Rahmen (im Handel erhältlich) einfassen. Diese gerahmten Einzelfolien können Sie lochen und abheften. Ein großer Vorteil der Tageslichtprojektoren ist, daß sie leicht zu transportieren sind und sich in unterschiedlichen Räumen mit ihnen arbeiten läßt. Neben den etwas kompakteren Geräten (siehe Abb. II) gibt es noch solche, bei denen sich die Säule mit dem Projektionskopf umlegen läßt. In Koffer verpackt, lassen sie sich platzsparend verstauen und bequem tragen (siehe Abb. III, Foto: roto INTERNATIONAL).

Abb. III

Weitere Vorteile des Tageslichtprojektors:
- Der Redner behält Blickkontakt zu den Hörern;
- die Arbeit mit vorbereiteten Folien spart Zeit;
- Folien lassen sich im Aktenkoffer transportieren und immer wieder verwenden;
- Folien ersetzen zum Teil das Stichwortmanuskript;
- der in Abständen eingeschaltete Projektor zieht die Aufmerksamkeit der Hörer auf die beleuchtete Leinwand und das dort zu Sehende. Das erzeugt eine gewisse Spannung, frischt die Konzentration auf und vertieft die Einprägung.

Ein paar Ratschläge noch für die Praxis:
- Sie brauchen nicht immer eine Leinwand. Es läßt sich auch auf – mit hellen Unifarben – gestrichene Wände projizieren.
- Wollen Sie mit dem Tageslichtprojektor in einem Großraum arbeiten, brauchen Sie eine großformatige Leinwand (zum Beispiel 3 x 3 m).
- Plazieren Sie die Leinwand möglichst hoch. Projizieren Sie auf eine hochgestellte Leinwand, ist es von Vorteil, wenn der Leinwandständer mit einem "Galgen" ausgerüstet ist. Er hält die Leinwand schräg. Damit vermeiden Sie die bei der Hochprojektion entstehende Verzerrung der Schrift und der Zeichnungen.
- Da die Brenndauer der Projektionslampen begrenzt ist: besorgen Sie eine Reservelampe. In manchen Geräten ist sie schon eingebaut.
- Befestigen Sie das am Boden liegende Stromkabel des Projektors mit einem Klebeband (Warnfarben). Sonst stolpert jemand darüber, reißt den Projektor herunter und bricht sich möglicherweise ein Bein.
- Wenn Sie den Projektor einschalten: kurzer Kontrollblick zur Leinwand, dann mit Blickkontakt zu den Hörern sprechen. Reden Sie nicht zur Leinwand. Wollen Sie Einzelheiten zeigen: nicht mit dem Zeigestock auf der Leinwand "spazierengehen", sondern Teleskopstab benutzen und auf der beleuchteten Projektorfläche auf Einzelpunkte hinwei-

sen. Geben Sie den Blick zur Leinwand frei. Wenn Sie während der Rede etwas auf die Folie schreiben, tun Sie es sitzend. Stehend schreibt es sich mühsam, außerdem verdekken Sie die Leinwand.

- Folien nicht mit Geschriebenem überladen. Wenn möglich, keine wörtlichen Texte; am besten nur Stichwörter. Soll auf die Folien mit Maschine geschriebener Text, dann größere Schrifttype benutzen. Hörer, die auf der Leinwand etwas sehen und trotzdem nichts erkennen können, werden störrisch, resignieren, schalten ab.
- Lassen Sie sich in der Herstellung und dem Arbeiten mit Folien und im Umgang mit dem Tageslichtprojektor von einem erfahrenen Kollegen, Seminarleiter oder Fachhändler beraten. Üben Sie!

12.4 Episkop und Epidiaskop

Das *Episkop* ermöglicht *im verdunkelten Raum* direkte Farbprojektion von beliebigen Unterlagen, wie zum Beispiel Buchseiten, Schriftstücke, Prospekte, Zeichnungen, Bilder, auf die Leinwand. Es müssen keine Transparentfolien hergestellt werden, weil jede Vorlage projiziert werden kann.
Das *Epidiaskop* bietet dieselben Einsatzmöglichkeiten wie das Episkop, ist jedoch zusätzlich mit einem Einschieberahmen für Großdias ausgerüstet. Weil heute überwiegend mit Kleindias gearbeitet wird, hat das Epidiaskop an Bedeutung verloren.

12.5 Diaprojektor

Das ist ein Projektor, der gerahmte Dias aufnimmt und projiziert. Je nach Konstruktion des Projektors können die Dias einzeln eingeschoben oder mit Schaltgerät automatisch gewechselt werden. Der Text wird vom Redner gesprochen. Ein paar Tips für den sogenannten Lichtbildvortrag:

- Bringen Sie nur gelungene, charakteristische Aufnahmen. Weniger kann auch hier mehr sein! Die Bildreihe muß eine Steigerung erhalten.

- Kommentieren Sie die Bilder knapp und treffend. Bleiben Sie beim Bildwechsel nicht stumm. Sprechen Sie Überleitungen. Es ist ein Irrtum zu glauben, man könne sich eine Kommentierung aus dem Stegreif leisten. Wer so vorgeht, plätschert so dahin, wird langatmig. Die Hörer atmen tiefer und nutzen die schützende Dunkelheit für ein kurzes Nikkerchen. Oder: Im Dunkeln läßt sich gut munkeln. Bereiten Sie den Begleittext stichwortartig vor; was folgt, ist freie Rede.
- Reden Sie zu einem Bild ausnahmsweise länger, schalten Sie das Licht an.
- Die Folge: erst die Bilder zeigen und dann nur noch freie Rede ist wenig wirksam, weil das gesprochene Wort in diesem Fall nur schwer gegen die vorangegangenen Bilder konkurrieren kann. Die umgekehrte Folge ist besser: erst freie Rede und dann die Bilder mit den allernötigsten Bemerkungen. Empfehlenswert ist der folgende Rhythmus: Licht an – Teil der Rede – Licht aus – Bilderfolge mit kurzem Kommentar – Teil der Rede – Bilderfolge – Schlußwort. Diesen Rhythmus nicht übertreiben, weil der ständige Gegensatz hell-dunkel die Hörer verwirrt.

Ich sprach davon, daß sich viele Redner scheuten, ihre Rede durch optische Hilfsmittel zu unterstützen. Wenn sich einer traut, erregt das Aufsehen, sogar öffentliches, wenn es sich um eine bekannte Person handelt. “Einen neuen Weg beschreiten will Bundesfinanzminister Hans Matthöfer, um seinen Parlamentskollegen die schwierige Finanzlage plastisch vor Augen zu führen. Der Sozialdemokrat plant, seine nächste Haushaltsrede im Bundestag mit Lichtbildern zu garnieren. Der Bundesadler an der Stirnseite des Plenarsaals würde dann von einer riesigen Leinwand verdeckt, auf die Matthöfer Finanzkurven und Zahlenmaterial projizieren könnte. An der Dia-Show hatte Matthöfer Gefallen gefunden, als er letzte Woche während der Spar-Beratungen die Experten von SPD und FDP gleich viermal mit Schaubildern beeindruckte. Einziges Problem: Der Minister müßte sich die in der Geschäftsordnung nicht vorgesehene pädagogische Sondereinlage vom Präsidium genehmigen lassen.” (66)

Ihre Bemerkungen zum 12. Kapitel:

13. Die Redearten

13.1 Die Systematik der Redearten

Ursula *Stötzer* schlägt eine Systematik von Reden vor, "... die auf *psychologischen* Prinzipien aufbaut und Inhalt und Ziel als Kriterien setzt. Dabei ist von vornherein zu bedenken, daß die Rede als lebendiger Ausdruck zwischen den Menschen sich stets nur *relativ* in Rubriken ordnen läßt. Die einzelnen Komponenten, die die einzelnen Kategorien kennzeichnen, können in jeder Rede mehr oder weniger ausgeprägt vorkommen; sie können in jeder Rede ineinandergreifen, ineinanderfließen und sich überschneiden." (67) Die Autorin spricht von der

- *Appellfunktion der Rede,* wenn der Appell an den Willen und die Gefühle der Hörer im Vordergrund steht, wenn die Hörer zu bestimmten Verhaltensweisen oder Handlungen veranlaßt werden sollen, zum Beispiel die politische Rede.
- *Darstellungsfunktion der Rede,* wenn die Darstellung eines Sachverhaltes im Vordergrund steht, wenn überwiegend der Verstand angesprochen wird, zum Beispiel der Lehrvortrag;
- *Ausdrucksfunktion der Rede,* wenn der Ausdruck von Empfindungen, Stimmungen im Vordergrund steht, wenn also in erster Linie die Gefühle der Hörer angeregt werden, zum Beispiel die feierliche Rede. (68)

Eine Rede

- mit Appellfunktion nenne ich *Überzeugungsrede,*
- mit Darstellungsfunktion nenne ich *Informationsrede,*
- mit Ausdrucksfunktion nenne ich *Gelegenheitsrede.*

Die *Stegreifrede,* die bei einer unvorhergesehenen Gelegenheit zwangsläufig ohne Vorbereitung gehalten wird, habe ich in diesem Abschnitt aufgeführt, obwohl sie keine Redeart im engeren Sinn ist.

13.2 Die Überzeugungsrede

Mit einer Überzeugungsrede will der Redner die Hörer zu Taten veranlassen, die Hörer von Meinungen überzeugen oder zu Einsichten führen, aus denen wiederum Handlungen folgen können. Die Überzeugungsrede hat ein *Tatziel.* Formuliert wird es in einem *Zwecksatz* (siehe Kapitel: “Die Vorbereitung der freien Rede”). In ihm ist das Wollen des Redners verdichtet. Der Redner darf das im Zwecksatz enthaltene Tatziel nie aus den Augen verlieren. Nach diesem Tatziel richtet sich der Aufbau und der Ablauf der Überzeugungsrede. Es gibt Redner, die verwechseln die Überzeugungsrede mit einem Sachvortrag, womit ich nicht sagen will, daß der Sachvortrag keine eigene Meinung enthalten dürfe. Diese Verwechslung führt dann zu einer Überladung der Überzeugungsrede mit Sachinhalten, zu einer fachlichen Exaktheit, die die Hörer verdrießlich stimmt. Weil die Überzeugungsrede ein Tatziel verfolgt, muß sie zwangsläufig stofflich unvollständig sein. Weil der Redner andere von seiner Meinung überzeugen, andere zu einer Tat bringen will, muß er – eine zweiseitige Argumentation schließt das nicht unbedingt aus – einseitig sein. Dabei setze ich voraus, daß der Redner eine Meinung hat und von ihr durchdrungen ist. Wenn von der Macht der Rede die Rede ist, dann ist damit die Überzeugungsrede gemeint.

13.3 Die Informationsrede

Die Informationsrede richtet sich mehr an den Verstand der Hörer. Zweck dieser Redeart ist, über bestimmte Sachverhalte zu informieren, um Wissen zu vermitteln oder den Wissensstand der Hörer zu erhöhen. Dieses vordergründige Ziel schließt eine Ansprache des Gefühls und des Willens nicht aus. Eigene Meinungen dürfen einfließen. Sie müssen aber von Fremdmeinungen säuberlich getrennt werden. Auch über die Informationsrede wird versucht, Hörer für eine Tat, für ein Tun zu gewinnen. Beispiele: Ein Geschäftsführer, der über den Verlauf und das Ergebnis des letzten Wirtschaftsjahres berichtet, wird die jetzige Situation kurz schildern, im Rückblick Einzelheiten kommentieren, das Ergebnis bewerten, für geleistete Arbeit danken, einen Ausblick geben, um weitere Unterstützung bitten. Ein Pädagoge, der lehrt, wie eine Zahl durch eine andere geteilt wird, will ja nicht nur erreichen, daß die Schüler wissen, wie das geschieht, sondern sein Ziel (Lernziel) ist, daß die Schüler es können und es in der Situation auch tun – und zwar richtig! Ein paar Worte noch zu den Begriffen "Lehrvortrag, Sachvortrag, Referat, Vorlesung (im Sinne einer Lehrveranstaltung)". Ich habe mich bemüht, diese Wörter zu meiden. Warum? Weil in ihnen das Wort "Vortrag" steckt. Wörter lösen Gedankenverbindungen, Handlungen aus. "Vortrag" verführt zum Vortragen und Vorlesen, womit wir wieder beim wörtlichen Manuskript landen. Ich verlange jedoch von einem Lehrer, Referenten, Dozenten, Professor und anderen Rednern, daß sie ihr Wissen anhand von Stichworten sprechdenkend, also in freier Rede (!), vermitteln.

13.4 Die Gelegenheitsrede

Sie richtet sich mehr an die Herzen, mehr an das Gefühl als an den Intellekt der Hörer. Fragen Sie sich bei der Vorbereitung: "Wie ist die Grundstimmung der Hörerschaft? Was bewegt sie? Was will sie hören? Wie betroffen bin ich als Redner?" Je kürzer und prägnanter Sie sprechen, um so besser. Haben Sie Mut, auch tiefe Empfindungen schlicht auszudrücken. Damit setzen Sie sich positiv von solchen Rednern ab, die unter "festlich", "feierlich", "würde- und weihevoll" Übertreibung oder Verlogenheit verstehen. Das sind oft Redner, die eine Stimmung erzeugen, in der kein Hörer mehr zu atmen, sich zu bewegen, geschweige denn zu lächeln wagt. Bereiten Sie auch die Gelegenheitsrede gut vor, denn sonst wird aus der Gelegenheitsrede eine Verlegenheitsrede.

Ich werde ab und zu gefragt, was vom Kauf und der Übernahme von Musterreden zu halten sei. Meine Antwort: Diese für verschiedene Anlässe wörtlich geschriebenen Reden sind zum Teil gut durchdacht und formuliert. Den einen oder anderen Gedanken kann man gewiß einmal verwenden. Nur – es sind und bleiben eben halt Standardreden. Wenn Sie sie übernehmen, dann spricht durch Sie ein anderer. Das Original werden Sie nie, höchstens eine (miese) Kopie. Sie sollen Ihre Reden halten. Im folgenden will ich Ihnen keine Musterreden geben, sondern ein paar Ratschläge (rote Fäden) für den Aufbau von Gelegenheitsreden:

- *Ein- und Ausführung eines Hauptredners oder mehrerer Redner (Rahmenrede)*
  - Veranstaltung eröffnen und Hörer begrüßen;
  - Redner begrüßen und/oder kurz vorstellen, kein Hinweis auf seine rhetorischen Fähigkeiten; Thema nennen – aber nicht in das Thema steigen, Höhepunkt nicht vorwegnehmen, dem Redner nicht die Pointen klauen;
  - warum gerade dieses Thema für uns (Hörer) wichtig ist;
  - dem Redner das Wort erteilen.

  Dann:
  - dem Redner danken; ein oder zwei Punkte aus der Rede herausgreifen (aber nicht die Rede noch einmal halten!), Nutzen/Konsequenzen für die Hörer, Ausblick;
  - Veranstaltung schließen, Hörer verabschieden.
- *Begrüßung von Gästen*
  - Mit der Arbeit, den "Problemen" der Gäste beginnen;
  - unbedingt gedankliche Verbindung zwischen Gästen und dem Gastgeber herstellen, Gemeinsamkeiten hervorheben;
  - abwesende "Obrigkeit" nicht entschuldigen;
  - Ausblick für die Gäste.
- *Einführung eines neuen Mitarbeiters*
  - Bisherige Situation schildern;
  - den neuen Mitarbeiter begrüßen und kurz vorstellen;
  - dessen Aufgaben und Kompetenzen betonen;
  - "sich hinter den Neuen stellen", eventuell "Paten" ernennen;

- die Gruppe loben, Bedeutung der Abteilung;
- Aufforderung zur Zusammenarbeit und Ausblick für alle.

● *Auszeichnung nach Wettbewerb*
- Wettbewerb objektiv schildern;
- zunächst kurzer Dank an alle;
- Einzelsieger erwähnen und würdigen, Vorgehensweise schildern;
- nochmals Anerkennung und Ausblick für alle.

● *Pensionierung*
- Keine Trauerrede halten, so, als sei das Leben zu Ende;
- mindestens eine typische Episode aus der Vergangenheit des Pensionärs erzählen;
- Hinweis, daß er noch gebraucht wird; Ausblick auf künftige Vorhaben;
- auch die anderen Teilnehmer ansprechen;
- Dank, passendes Geschenk;
- Ausblick für alle.

● *Betriebsfest*
- Möglichst wenig oder gar nicht von der Arbeit sprechen;
- Begrüßung der Teilnehmer, Hinweis auf Sinn des Festes;
- Programm ankündigen, frohe Stunden wünschen.

● *Einweihung – Richtfest*
- Für geleistete Arbeit danken; Reservepunkt haben, den Ihnen niemand stehlen kann;
- auch die ansprechen, die durch Bau "gelitten" haben;
- von der Zukunft sprechen, Wünsche, Ausblick.

● *Trauerrede*
- Die Regie genau kennen, beste Vorbereitung;
- nicht den Geistlichen ersetzen wollen, weder in Mimik, Gestik, noch Tonfall;
- mit der entstandenen Trauerlage beginnen;
- die Angehörigen anreden, nicht den Gestorbenen;
- Episode aus dessen Privat- und/oder Berufsleben;
- Verdienste aus dem privaten oder beruflichen Bereich würdigen;

– mit einem optimistischen Ausblick schließen.

- *Familienfeier*
  – Alle ansprechen; überlegen, ob "Du-, Sie- oder Wir-Anrede";
  – bei Hochzeit: den "fremden Teil" zuerst erwähnen, keine Anspielung auf Nachwuchs; bei Familienfeiern überhaupt Vorsicht mit persönlichen Anspielungen.
- *Jubiläum*
  – Grundsatz: nicht chronologisch aufbauen; mit Gegenwart beginnen; jeweils nur kurze Rückblicke, dann wieder Gegenwart (prozentuale Anteile: 80 % Gegenwart, 20 % Vergangenheit) und Ausblick (Zur Gedenkrede kommen zwar viele, aber sie interessiert nur wenige!!).

13.5 Die Stegreifrede

Es kommt vor, daß man unverhofft gebeten oder aufgefordert wird, "etwas" oder ein "paar passende Worte" zu sagen. Sie sind in der unvorhergesehenen Situation, *aus dem Stand, aus dem Stegreif,* das heißt ohne Vorbereitung reden zu "müssen". Stegreifreden sind meistens Reden mit Ausdrucksfunktion. Häufig haben schon andere vor Ihnen gesprochen, mindestens einer hat vor Ihnen geredet. Sollte es Sie ab und zu wie ein Blitz aus heiterem Himmel treffen, gibt es für Sie zwei Möglichkeiten:

- entweder Sie lehnen die Bitte freundlich (!) ab

oder – wenn das unmöglich sein sollte –

- Sie tragen es mit Humor und reden frisch von der Leber weg.

Weil Stegreifrede Improvisation in hohem Maße ist, verzeihen Ihnen die Hörer manches. Sammeln Sie sich kurz und machen Sie das Ganze kurz. In der Einleitung aber kein Qualm und Leerlauf, zum Beispiel: "Ja, was soll ich dazu (noch) sagen?", "Es ist doch eigentlich schon alles gesagt", "Es fällt mir schwer . . .", "Ich schließe mich den Worten von . . . an". Nicht "wütend" sein, daß man Sie überfallen hat. Hauptteil der Stegreifrede: ein, zwei Punkte aus der vorherigen Situation.

Schluß: Nutzanwendung, Aufforderung zur Tat; Dank an oder Ausblick für alle. Übrigens: Ihren Verdatterungseffekt bei der plötzlich ausgesprochenen Sprech-Bitte können Sie so klein wie möglich halten, wenn Sie folgendes trainieren: Hören Sie bei allen Reden interessiert zu, und fragen Sie sich öfter: "Was würde ich wohl als Rahmenredner sagen, wenn man mich überraschend bäte, etwas zu sagen?"

Ihre Bemerkungen zum 13. Kapitel:

14. Die Vorbereitung der freien Rede

Die freie Rede wird mit einer geschickten Gliederung nach Stichworten gehalten. Sie müssen sich auf die freie Rede vorbereiten. Das braucht Zeit. Nehmen Sie sich ausreichend Zeit. Gedanken lassen sich nicht immer erzwingen. Übrigens: Je kürzer Ihre Redezeit ist, um so länger müssen Sie sich vorbereiten. Aus der Fülle des Stoffes das Wesentliche zu suchen und den Extrakt auch noch interessant, verständlich und wirksam zu sprechen: das bedarf einer längeren Vorbereitungszeit. Unterliegen Sie nicht dem Irrtum mancher Redner, die da meinen: "Ich rede doch nur ein paar Minuten. Was soll ich mich da großartig vorbereiten. Das mache ich aus dem Ärmel."

14.1 Die Vorbereitungsphasen

Ich empfehle Ihnen für die Vorbereitung der freien Rede folgende Phasen:

Vorbereitungsphase 1:
Überlegungen zum Thema, Redeziel, zur Hörerschaft und Redezeit;

Vorbereitungsphase 2:
Sammeln des Redestoffes;

Vorbereitungsphase 3:
Auswählen und Sichern des Redestoffes;

Vorbereitungsphase 4:
Aufbau und Gliederung der Rede;

Vorbereitungsphase 5:
Schreiben des Stichwortmanuskriptes.
Die Vorbereitungsphasen überlappen sich zum Teil in der Praxis.

14.2 Vorbereitungsphase 1: Überlegungen zum Thema, Redeziel, zur Hörerschaft und Redezeit

Überlegungen zum Thema

Die Suche nach dem Thema (zu behandelnder Gegenstand der Rede) ist meistens kein Problem. Oft liegt das Thema vor, häufig wird es vorgegeben. Wichtig ist, ein spezielles Thema zu wählen. Bei einem allgemeinen Thema ("Der Bürger in Uniform") besteht die große Gefahr, daß Sie sich auf dem "weiten Feld" verlieren. Reden über allgemeine Themen geraten schnell ins Uferlose. Sie sind in der überwiegend knapp bemessenen Redezeit nur oberflächlich zu behandeln. Es sei denn, Sie *wollen* an der Oberfläche plätschern. Das müssen Sie jedoch verantworten. Eine Stunde zu reden und nichts zu sagen – ohne daß es die Mehrzahl der Hörer merkt – ist auch eine Kunst, die gelernt sein will. Wenn der Redner über das Thema wenig nachdenkt und es folglich schwammig formuliert, weiß er nicht, was der Schwerpunkt seiner Rede sein muß. Ihre Ausführungen müssen den (die) Schwerpunkt(e) des Themas treffen, sonst reden Sie am Thema vorbei.

Nachdem Sie das Thema durchgewalkt haben, können Sie es noch mit einer Überschrift (Titel) versehen. Die Überschrift kann über das Thema Auskunft geben, kann mit ihm sogar identisch sein. Die Überschrift kann das Thema stark begrenzen oder nur grob darüber informieren. Die thematische Begrenzung ist oft abhängig von der Redezeit. Auf jeden Fall soll die Überschrift die Neugier und das Interesse der Hörer wecken. Beispiel: Thema: Energiesparen; Überschrift: Außenisolierung der Häuser oder Innenisolierung der Wohnungen? Möglich und interessant ist auch die Kombination von zwei Überschriften. Beispiel: "Außenisolierung der Häuser oder Innenisolierung der Wohnungen? Was der Hauseigentümer unbedingt beachten muß!" Nach meiner Erfahrung eignen sich für die Formulierung der Themen/Überschriften am besten folgende Kriterien:

- *Die Kontroverse*
  Beispiel: Todesstrafe: Ja oder nein?
  Berufsheer oder Wehrpflicht?
- *"Rezepte" anbieten*
  Beispiel: Mehr Geld im Portemonnaie durch Antrag auf Lohnsteuerermäßigung.
- *Hörer in der Überschrift erwähnen*
  Beispiel: Thema: Die Aufgaben des Meisters im Betrieb
  Überschriften: Der Meister als Führungskraft im Betrieb – Durch Motivation der Mitarbeiter mehr Erfolg
- *Neuigkeit oder Aktualität*
  Beispiel: Die neue Einkommensteuer-Regelung: Beschränkung des Ehegatten-Splittings und Verbesserung der § 7b-Abschreibungsmöglichkeiten
- *Lösung eines Problems anbieten*
  Beispiel: Umsatz halten bei abnehmender Nachfrage

Sie können die Kriterien auch kombinieren.

Überlegungen zum Redeziel

"Jede reale konkrete Rede oder Aussage des Menschen ist eine bestimmte spezifische Tätigkeit oder Handlung, die von bestimmten Motiven ausgeht und ein bestimmtes Ziel verfolgt. . . . Die Rede soll meist eine dem Sprechenden mehr oder weniger bewußtgewordene Aufgabe lösen, sie soll eine Handlung sein, die eine bestimmte Wirkung auf den ausübt, an den sie sich wendet. Faktisch wird sie aber auch manchmal mehr oder weniger in ihrem Verlauf unwillkürlich durch nicht voll bewußt werdende Anlässe bestimmt.

Damit die Rede zur voll bewußten Handlung wird, ist es vor allem erforderlich, daß sich der Sprechende deutlich der Aufgabe bewußt wird, der seine Rede dienen soll, das heißt vor allem ihres eigentlichen Zwecks.

Allein das Verständnis der Aufgabe, die die Rede lösen soll, setzt nicht nur das Bewußtwerden des Zwecks voraus, sondern auch die Berücksichtigung der Bedingungen, unter denen dieses Ziel verwirklicht werden soll. Diese werden vom Charakter des jeweiligen Gegenstands bestimmt sowie durch die Besonderheiten der Zuhörerschaft, an die sie sich richtet. Nur wenn der Mensch Zweck und Bedingungen berücksichtigt, weiß er, was und wie er sprechen soll, und er kann seine Rede als bewußte Handlung aufbauen, die geeignet ist, die Aufgabe zu lösen, welche sich der Sprechende gestellt hat." (69)

Ist das Thema, die Überschrift sorgfältig formuliert, fragen Sie sich: "Was beabsichtige ich?" – "Was will ich mit meiner Rede bei den Hörern erreichen?" – "Was ist das Ziel (Hauptziel, Nebenziele)?" Denn: Wer sein Ziel nicht kennt, weiß nicht, wohin er steuern muß. Formulieren Sie Ihr(e) Ziel(e) so konkret wie möglich. Am besten geschieht das in der Form eines sogenannten *Zwecksatzes.* Der kann auch aus mehreren Sätzen bestehen.

Beispiel:

Thema:	Die produktive Verkaufszeit des Verkaufs-Außendienstes (Produktive Verkaufszeit = Zeit, in der der Außendienstmitarbeiter mit dem Interessenten/Kunden spricht).
Redeziel:	Die Mitarbeiter sollen ihre Tourenplanung verbessern, dadurch die produktive Verkaufszeit erhöhen und damit den Umsatz steigern. Ich will Möglichkeiten zeigen, wie Tourenpläne verbessert werden können.
Überschrift:	Wie kann ich durch eine bessere Tourenplanung meine produktive Verkaufszeit erhöhen und damit meinen Umsatz steigern?
Hörer:	8 Außendienstmitarbeiter aus den Verkaufsbezirken X und Y.
Redezeit:	30 Minuten (anschließend Diskussion und Lösung praktischer Fälle).

Überlegungen zur Hörerschaft
(siehe Kapitel "Die Beziehungen zwischen Redner und Hörern" und die "Checkliste zur Vorbereitung der freien Rede")

Überlegungen zur Redezeit
Tucholsky rät einem *schlechten Redner:* "Sprich nie unter anderthalb Stunden, sonst lohnt es gar nicht erst anzufangen." Einem *guten Redner* gibt er den Tip: "Der Ton einer einzelnen Sprechstimme ermüdet; sprich nie länger als vierzig Minuten." (70) Mit 40 Minuten hat *Tucholsky* die Grenze der Rededauer wohl ganz gut getroffen. Bei 40 bis 60 Minuten meutert ein gutwilliges Publikum auch noch nicht. Kritisch wird es, wenn Sie diese Redezeit überziehen. Dann läßt erfahrungsgemäß auch bei ausgeruhten, aufmerksamen, interessierten Hörern die Konzentration stark nach. Reden Sie in der berüchtigten Zeit kurz nach dem Mittagessen, können schon 20 Minuten zuviel sein. Sollte Ihre Rede ausnahmsweise länger als 60 Minuten dauern, legen Sie unbedingt Pausen ein. Die Hörer können sich die Beine vertreten, über Ihre Ausführungen schon diskutieren. Einige Hörerinnen und Hörer "müssen mal". Die Raucher sind dankbar für ein Zigarettchen auf dem Flur, der Raum kann gelüftet werden. Über das Notieren von Rede-Teilzeiten auf dem Stichwortmanuskript: siehe Vorbereitungsphase 5. Als Redeneuling kann es Ihnen passieren, daß Sie den vorhandenen Stoff früher als geplant bewältigt haben. Ratschlag: Seien Sie mutig, und beenden Sie Ihre Rede. Versuchen Sie nicht, durch Redundanz die Redezeit zu strecken. Ich erinnere mich noch genau an meine erste Lehrprobe vor einer Berufsschulklasse von Industriekaufleuten. Thema: Doppelte Buchführung; Überschrift: Das Gesetz der Doppik. Zeit: 45 Minuten. Ich war schon nach 26 Minuten mit dem Stoff fertig, schwitzte Blut und Wasser und "redete" weiter. Der letzte Teil der Stunde muß für die Schüler grausam gewesen sein. Daß sie sich trotzdem nichts anmerken ließen und freundlich blieben, lag wohl daran, daß ich ihnen leid tat; denn in der Klasse saß noch der Schulleiter, der mich "benotete".

14.3 Vorbereitungsphase 2: Sammeln des Redestoffes

Konzentrieren Sie sich beim Sammeln des Stoffes auf Ihr Thema und das Redeziel. "Denken Sie im Hinterkopf" an die Hörer und die Redezeit. Bei der Vorbereitung einer freien Rede geht es nicht um die Materialsammlung für ein Buch oder für eine Doktorarbeit. Die Vorbereitungsphase 2 ist von der Phase 3 (Auswählen und Sichern des Redestoffes) nicht scharf zu trennen.

Wo finden Sie Redestoff?

- Fragen Sie sich zuerst: "Was weiß ich selbst über das Thema?" Notieren Sie gleich Ihre Gedanken in Stichworten.

Weitere Fundgruben:

- Eigene Bücher, Unterlagen, Zeitungen, Zeitschriften, Magazine
- Gemeinde- oder Stadtbibliotheken
- Hochschulbibliotheken (Wenn Sie beim Durcharbeiten der Verfasser-, Sach- oder Schlagwortkataloge nicht auf Ihr Material stoßen: Die Bibliothekare beraten Sie gern. Auch Buchhändler, die sich nicht nur als Händler verstehen, helfen mit Rat und Tat.)
- Spezialbibliotheken von Firmen, Vereinen, Museen, Dienststellen und Behörden, Instituten
- Archive öffentlicher (Rundfunk, Fernsehen) und privater Institutionen
- Auch die Dokumentationsabteilungen einiger Zeitungs-, Zeitschriften- und Buchverlage schicken gern Material oder nennen mindestens Materialquellen.

Gehen Sie beim Sammeln des Stoffes systematisch vor. Fragen Sie, welche Seiten, Abschnitte, Kapitel des Materials sich auf Ihr Thema beziehen. Sie verschaffen sich rasch einen Überblick, wenn Sie zuerst das Vorwort, das Inhaltsverzeichnis und das Sachwortregister/Stichwortverzeichnis lesen. Stoßen Sie auf brauchbar erscheinende Stellen, dann lesen Sie sie nur überblickartig. Diese Lesetechnik spart Zeit und erleichtert die Entscheidung, ob die als wichtig vermuteten Seiten, Abschnitte/Kapitel für das Thema auch wirklich zu verwenden und deshalb zu sammeln sind.

14.4 Vorbereitungsphase 3: Auswählen und Sichern des Redestoffes

Im Hinblick auf das Thema und eine schon vorhandene Grobgliederung müssen Sie aus dem gesammelten Redestoff die in Betracht kommenden Teile auswählen. Das Ausgewählte ist zu sichern. Am besten geschieht das mit Hilfe von Karteikarten (DIN A 5, DIN A 6); auch Zettelkästen und Ordner sind geeignete Hilfsmittel. Ordnen Sie nach Sachgebieten oder alphabetisch nach Stichwörtern. Auf jeder Karteikarte, auf jedem Blatt soll nur ein Stichwort vermerkt sein. Sie erschweren sich die Arbeit, wenn Sie bei der Vorbereitungsarbeit Papier sparen. Notieren Sie die Quelle: Verfasser, Titel, Auflage, Erscheinungsort und -jahr und die Seite. Lassen Sie auf dem Blatt noch Platz für sonstige Bemerkungen und Nachträge.
Goethe schrieb im Mai 1798 an *Schiller:* "Bei dem vielen Zeug, das ich vorhabe, würde ich verzweifeln, wenn nicht die große Ordnung, in der ich meine Papiere halte, mich in den Stand versetzte, zu jeder Stunde überall einzugreifen, jede Stunde in ihrer Art zu nutzen und eines nach dem anderen vorwärtszuschieben." (71)

14.5 Vorbereitungsphase 4: Aufbau und Gliederung der Rede

Wie wichtig ein planmäßiges Vorgehen beim Aufbau und Ablauf der Rede ist, bewiesen schon die antiken Redner. Sie legten großen Wert auf einen klaren, zweckentsprechenden Aufbau, der ihren Reden zum Erfolg verhelfen sollte. Aus Theorie und Praxis entwickelte sich in der Antike als erste Redeform die Gerichtsrede. Ihr Aufbau:

- Einleitung (exordium):
  sie sollte die Zuhörer wohlwollend stimmen und die Aufmerksamkeit und Aufgeschlossenheit der Richter für den strittigen Fall wecken;
- Erzählung (narratio):
  die Sachlage des Falles wurde dargestellt;
- Beweise (confirmatio):
  um die Wahrheit zu belegen;
- Widerlegung der Einwände (refutatio):
  sie erfolgte durch Erwähnung des Gegenteils, ähnlicher Erscheinungen (Sachverhalte), Heranziehen von Beispielen, Zeugenaufruf;
- Schluß (conclusio):
  er brachte durch eine Aufzählung eine Zusammenfassung der wichtigsten Fakten; der Redner appellierte an das Mitgefühl der Hörer und die Gerechtigkeit des Richters.

Das Aufbauprinzip der Gerichtsrede wurde in gewandelter Form Vorbild für die antike beratende (im weitesten Sinn politische) Rede und die Prunkrede (feierliche Rede). In der beratenden Rede nahmen Beweis und Widerlegung einen breiten Raum ein. Die Erzählung fiel weg, weil der Sachverhalt als bekannt vorausgesetzt wurde. In der Prunkrede wurden überwiegend mit Beweisen die Taten und Eigenschaften des Gefeierten gepriesen. In der Antike entwickelt, hat sich bis heute ein Aufbauprinzip bewährt: die klassisch gewordene Dreiteilung der Rede in
- Einleitung
- Hauptteil und
- Schluß.

Die Einleitung
Sie dient auch heute dazu,
- das Wohlwollen, die Aufmerksamkeit und Aufgeschlossenheit der Hörer für die Ausführungen des Redners zu erregen,
- den Kontakt zu den Hörern herzustellen,
- die Hörer in das Thema einzuführen.

Um das zu erreichen, stelle ich an eine wirksame Einleitung folgende Forderungen. Die Einleitung muß:

– *neugierig machen und Interesse wecken.* Die Hörer sollen ihre Antennen ausfahren und auf Empfang schalten. Oder: “Der Vorhang hebt sich und die Bühne belebt sich.” Wie Sie eine das Interesse weckende Einleitung gestalten und sich damit individuell von den “08/15-Einleitungen” absetzen können, wird gleich behandelt werden.
– *folgerichtig zum Thema führen.* Zwischen Einleitung und Hauptteil darf kein Bruch entstehen. Nicht, daß die Einleitung eine Geschichte für sich ist und man im Hauptteil etwas anderes hört. Das verwirrt die Hörer und führt sie auf falsche Geleise. Ich habe schon viele spannende Einleitungen gehört – nur mit dem Thema hatten die nichts zu tun.
– *in einem angemessenen zeitlichen Verhältnis zu den anderen Redeteilen stehen.*

Die Anrede

Sie schlägt die erste Brücke vom Redner zu den Hörern. Jeder einzelne soll sich angesprochen fühlen. Schon die Anrede bestimmt die Distanz Redner–Hörer, deshalb will die Anrede überlegt sein. Die Anrede soll in jedem Fall höflich und freundlich, aber je nach Situation vertraulich oder neutral sein.

“Meine Damen und Herren”, “(Meine) Sehr geehrte(n) Damen und Herren”, ist zwar trotz des “Meine” korrekt, jedoch etwas farblos. Meiden Sie: “Meine (sehr) verehrten (hochverehrten) Damen und Herren”. Das klingt gestelzt. “Verehrte Anwesende” – die Hörer sollen doch bestimmt *nicht nur anwesend* sein. Es gibt viele Redesituationen, auf die Sie die Anrede abwechslungsreich abstimmen können. “Meine (lieben) Kolleginnen und Kollegen”, “Liebe Sportfreunde”, “Liebe Mitarbeiter”. Sind unter den Hörern Ehrengäste, Honoratioren . . ., dann halten Sie bei der Anrede die Rangfolge ein und vergessen Sie niemanden. “Herr Regierungspräsident, Herr Bürgermeister, meine Damen und Herren”. Versuchen Sie, die Anrede in den ersten/zweiten Satz der Einleitung zu packen. Das läßt – weil kein Allerweltsanfang – die Hörer schneller aufhorchen. "Am Sonnabend dieser Woche feiern wir, liebe Tennisfreunde, das 25jährige Bestehen unseres Clubs." "Die Ergebnisse der letzten Landtagswahl, haben gezeigt, daß unsere Partei die absolute Mehrheit nur knapp verfehlt hat. Das, liebe Parteifreunde,. . .". Flechten Sie die Anrede auch hin und wieder in Ihre Rede ein: zu Beginn der Abschnitte, an besonders wichtigen Stellen, in der Schlußphase.

Einleitungsarten

Folgende Einleitungen reißen die Hörer nicht von den Sitzen:

"Herr Präsident, meine Damen und Herren! Ich darf damit beginnen, lassen Sie mich das hier einmal in aller Offenheit aussprechen: Dies Problem, und das ist es doch, wofür meine politischen Freunde und ich, dies muß hier einmal ganz klar festgestellt werden, wofür wir seit Jahren eintreten. Jawohl, seit Jahren, meine Damen und Herren." (72)

Oder:

"Ich darf Sie, sehr geehrter Herr Bezirkshauptmannsstellvertreter, herzlich als unseren Ehrengast begrüßen. Natürlich darf er es, nie war die Rede davon, daß es ihm hätte untersagt werden sollen. *Ihnen, sehr verehrte Damen und Herren, darf ich die Grüße des Bundesverbandes überbringen.* Immer schon wollte ich wissen, wie sich das abspielt . . . Aber es geht mir jetzt nicht um das Bringen von Grüßen, sondern um das *dürfen*. . . Er (der Redner ....) darf alles, was er darf, nur nicht darauf hinweisen, daß er es darf." (73)

Oder:

"Bei vielen Rednern ist es geradezu eine Manie, mit einem *Wenn*-Satz zu beginnen. 'Wenn mir heute die Ehre zufiel, zu Ihnen über den Ahnenkult bei den Eskimos sprechen zu dürfen, so möchte ich das nicht tun, ohne zuvor . . .' usw. usw.

Jeder Vortragende hüte sich vor dem ewigen *wenn* genauso, wie vor Schwulst und stocksteifer Überhöflichkeit. Man erlebt es immer wieder, daß Redner in mehr oder weniger falscher Bescheidenheit anfangen. So als wollten sie sagen: 'Ich weiß nicht, ob ich der rechte Mann bin, zu Ihnen zu reden' – oder 'Entschuldigen Sie bitte, daß ich überhaupt geboren wurde.'" (74)

Oder:

Der Redner beginnt:	Der Hörer sagt sich:
"Lassen Sie mich, meine Damen und Herren, bevor ich zum Thema komme, noch . . ."	*"Ich hab's ihm nicht verboten – und: O Gott, jetzt beginnt er wieder mit dem Urschleim."*
"Ich möchte, bevor ich beginne, meine Damen und Herren, noch kurz darauf eingehen, daß . . ."	*"Möchte er nur? Hoffentlich bleibt's bei der Absicht. Hoffentlich wird's auch kurz."*
"Meine Damen und Herren, ich hoffe, daß es mir gelingen wird, Ihnen im Rahmen der knappen zur Verfügung stehenden Zeit, anhand einiger kurzer Beispiele aufzuzeigen, daß . . ."	*"Es gelingt ihm nicht. Die Zeit reicht nicht. Wieso kurze Beispiele? Ich habe Anspruch auf ausführliche Beispiele!"*
"Man hat mich beauftragt, zu Ihnen, meine Damen und Herren, über folgendes Thema zu sprechen: . . ."	*"Muß der das auch noch sagen, daß man ihn beauftragt hat. Der will nicht, der soll sprechen. Das wird bestimmt eine sehr überzeugende Rede."*

"Meine Damen und Herren, ich freue mich, daß Sie so zahlreich erschienen sind."	*"Der hat nur mit wenigen Zuhörern gerechnet."*

Es gibt viele Vorgehensweisen, schon zu Beginn der Rede das Wohlwollen zu erlangen, die Aufmerksamkeit, das Interesse der Hörer zu wecken; sie einzustimmen, um sie schon frühzeitig zu einer Hörer-Denkgemeinschaft zusammenwachsen zu lassen. Einige der wirksamsten Einleitungsarten werde ich Ihnen jetzt vorstellen. Das geschieht wieder isolierend, obwohl die Einleitungsmethoden in der Praxis häufig kombiniert werden.

Einleitung durch "Wohlwollen erlangen"

Quintilian nannte dieses Bemühen "captatio benevolentiae". Ziel dieser Einleitung ist, durch persönliche Bemerkungen zu den Hörern schnell ein persönliches Verhältnis zu schaffen. Es bieten sich folgende Möglichkeiten an:
Der Redner

- stellt sich vor und/oder begrüßt die Hörer. Erarbeiten Sie sich ein Lebenslaufskelett, an das Sie – je nach Situation – mehr oder weniger persönliche Daten hängen können. Die Hörer wollen bestimmt nicht jede erlittene Kinderkrankheit wissen. Immer wieder erlebe ich es, daß Redner während der Vorstellung nachrechnen müssen, wie alt und wie lange sie "eigentlich" schon in der Firma seien. Je nach Redesituation ist die Vorstellung/Begrüßung ernst oder heiter, (damit das Eis schmilzt). "Meine Name ist *Schorkopf; Schorkopf,* wie geschorener Kopf. Wenn Sie sich meine Haartracht betrachten, könnte man sagen: Nomen est omen. Bestimmt ein gutes Vorzeichen. Auch von mir ein herzliches Willkommen. Wir wollen miteinander . . ".
- dankt für Einladung, dankt dem Begrüßungsredner;
- geht auf den Anlaß der Veranstaltung, auf den Ort ein;
- spricht von einer kleinen persönlichen Begebenheit auf dem Weg zur Rede. "Als ich vorhin mit zwei Herren – die mich

nicht kannten – im Fahrstuhl zum Seminarraum in den vierten Stock fuhr, hörte ich, wie der eine zum andern sagte: "Hoffentlich ist am Freitag pünktlich Schluß". Gemeint war wohl ich, meine Herren. Nun, bevor wir am Freitag um 16.00 Uhr schließen, wollen wir erst einmal anfangen."

- lobt die Hörer. Loben ist ein sehr weites Wort. Wenn das Lob nicht differenziert wird, wenn es nicht paßt, erreichen Sie wie immer das Gegenteil. Die Hörerschaft empfindet Sie als Schulterklopfer, Einschmeichler, als Gut-Wetter-Macher. Die Berliner sagen: "Nachtigall, ick hör dir trapsen."
- kombiniert die genannten Möglichkeiten.

Einleitung durch Aufhänger

Die Einleitung *Wohlwollen erlangen* ist oft eine Variante der *Einleitung durch Aufhänger.* Beide Einleitungsarten werden in der Praxis häufig gekoppelt. Der Aufhänger soll blitzartig das zu behandelnde Thema beleuchten und in einer engeren Beziehung zum Hauptteil stehen.
Der Redner

- *berichtet von einer Begebenheit,* die ihm erzählt wurde, die er gelesen hat.
- *erzählt ein persönliches Erlebnis.* "Voriges Jahr, zum Weihnachtsfest, besuchte uns mein Neffe, 14 Jahre alt, mit seinen Eltern. Während des Canastaspielens fragte er mich: 'Onkel Klaus, kannst Du mir sagen, was eine Wendeltreppe ist?' Vom Ehrgeiz gepackt, begann ich: 'Eine Wendeltreppe hm, eine Wendeltreppe ist eine Treppe, die . . .'. Ich merkte gar nicht, daß ich nicht mit Worten, sondern mit meinen Armen und Händen weitersprach. Mein Neffe lachte etwas schadenfroh, stupste seinen Vater an und sagte: 'Siehste Papa, Onkel Klaus kann mir das auch nicht erklären': Meine Damen und Herren, eine Geste kann nur in Ausnahmefällen Redeteile ersetzen. Als Fachmann auf meinem Gebiet muß ich jedoch in der Lage sein, Fachbegriffe schnell und exakt bestimmen, man sagt, definieren zu können. Was heißt "definieren"? Was ist eine Definition?"

- *bringt einen Vergleich, berichtet von einem historischen oder aktuellen Ereignis.*
- *erzählt eine Anekdote.* Die Anekdote – ursprünglich eine mündlich überlieferte Einzelheit zur Kennzeichnung einer Person – , hält eine merkwürdige Begebenheit oder einen charakteristischen Ausspruch fest. Zu beachten ist, daß die Anekdote wohl Tatsachen berichtet, sie aber nicht verbürgt. Die Anekdote ist mit der Fabel, dem Schwank und der Kurzgeschichte verwandt. Als Einleitung eignen sich kurze Anekdoten. Bericht von einer Begebenheit, Erzählung eines persönlichen Erlebnisses oder eines historischen/aktuellen Ereignisses sind nicht immer scharf von der Anekdote zu trennen. "Vor seiner Trauung mit Charlotte von Lengefeld in der Kirche zu Wenigenjena am 22. Februar 1790 fragte der Prediger Schmidt den angehenden Ehemann Friedrich von Schiller: 'Welche Trauformel soll ich gebrauchen, die alte oder die neue?' 'Die alte, die mit dem Kraut und mit den Disteln auf dem Felde', bestimmte der ungalante Dichter. 'Meine Schwiegermutter ist nämlich dabei!'" (75)
- *beginnt mit einem Zitat.* Das Zitat, wörtlich wiederholte Aussage eines anderen, sollte ziemlich unbekannt sein. Bei abgegriffenen Zitaten meinen die Hörer: "Dem Redner ist wohl nichts Besseres eingefallen." Das Zitat kann in eine Begebenheit/Ereignis eingebettet sein.

Beispiel:
"In *Ciceros* Dialog 'Über den Redner' sagt *Crassus* zu den in einer Gesprächsrunde versammelten Partnern: 'Was mich betrifft, so stelle ich gewöhnlich bei euch fest und mache auch an mir selbst sehr oft die Erfahrung, daß ich bei den ersten Worten einer Rede vor Angst erbleiche und von ganzem Herzen und an allen Gliedern bebe. Als ein ganz junger Mann geriet ich am Beginn einer Anklagerede sogar derartig aus der Fassung, daß ich es Q. Maximus als rettende Wohltat zu danken hatte, daß er auf der Stelle die Sitzung aufhob, als er mich vor Angst am Ende meiner Kräfte sah.'" (76)

Soweit *Crassus* zu den über Redekunst diskutierenden Freunden. Nun, meine Herren: Sie sind weder am Ende Ihrer Kräfte, noch werden Sie Wohltäter finden, die Sie von Redeaufgaben befreien. Das mulmige Gefühl jedoch, das einen immer wieder während der ersten Worte einer Rede beschleicht, kennen Sie bestimmt auch. Wir können einiges tun, um diese Redestartschwierigkeiten zu mindern . . ."

- *beginnt mit einem Witz.* Ja, Sie haben richtig gelesen. Der Redner beginnt mit einem Witz. Daß Sie bei dieser Einleitung einige Punkte besonders zu beachten haben, brauche ich wohl nicht zu betonen.

Als ich die Witz-Technik in einem Rhetorikseminar für Bankvorstandsmitglieder vorstellte, war ein Teilnehmer empört. Er erwiderte: "Sie verlangen doch nicht etwa von uns, daß wir Reden mit Witzen beginnen!" Ich antwortete: "Ich verlange das nicht. Mit einem Witz einzuleiten, das ist eine Möglichkeit neben vielen anderen. Wie bei jeder anderen Einleitungsart sind immer Redeanlaß, Thema und Hörerschaft zu beachten." Darauf sagte ein anderes Vorstandsmitglied: "Herr Schorkopf, erzählen Sie uns doch mal einen." Ich: "Gerne, Herr Y, wenn Sie mir versprechen, den nächsten Rechenschaftsbericht vor der Generalversammlung mit dem folgenden Witz zu eröffnen." Nach einigem Zögern versprach es Herr Y.

"Es gab einmal, liebe Mitglieder, meine Damen und Herren, eine Bank, in der 40 Jahre lang ein Buchhalter zur vollsten Zufriedenheit der Chefs arbeitete. Auch seine Kolleginnen und Kollegen mochten ihn. Jeden Morgen schloß der Buchhalter, bevor er zu arbeiten begann, eine Schublade seines Schreibtisches auf, zog sie heraus und schaute schweigend hinein. Dann schloß er die Schublade wieder. 40 Jahre lang ging das so. Die Kolleginnen und Kollegen kamen nicht hinter das Geheimnis. Nach 40 Jahren wurde der Buchhalter mit allen Ehren pensioniert. Endlich war die Gelegenheit da, das Geheimnis des ausgeschiedenen Kollegen zu lüften. Die Mitarbeiter öffneten die Schublade. In ihr lag ein Zettel, auf dem geschrieben stand: SOLL links – HABEN rechts. (kurze

Pause) Solche Buchhalter, meine Damen und Herren, finden Sie nicht in unserer Bank. Im Gegenteil: Durch das Können und den Einsatz aller unserer Mitarbeiter und durch das Vertrauen der Mitglieder und Kunden haben wir im letzten Jahr erfolgreich gearbeitet. Über die Erfolge – aber auch darüber, was noch zu tun bleibt – werde ich Ihnen jetzt berichten."

Nach etwa einem halben Jahr klingelte bei mir das Telefon. Am Apparat war Herr Y. Er erzählte, daß ihm kurz vor Redebeginn der Angstschweiß ausgebrochen sei und daß er diese Einleitung habe umschreiben wollen. Schließlich habe er sich doch durchgerungen, mit diesem Witz einzuleiten. Die Leute, weil so etwas nicht gewohnt, seien baff gewesen, hätten geschmunzelt und zum Teil geklatscht. Einige Kunden hätten schon gefragt, mit was für einem Witz er die nächste Rede begänne.

- *bezieht sich in der Einleitung auf Personen und/oder Institutionen (Verbände, Firmen, Behörden), Medien (Presse, Buch, Rundfunk, Fernsehen), meistens verknüpft mit der komprimierten Wiedergabe von Aussagen in indirekter Rede oder durch Zitat.*
- *beginnt mit einer Frage/mit Fragen.* (siehe Abschnitt: "Die Redefiguren") Aber bitte nicht so: "Haben Sie sich schon einmal Gedanken darüber gemacht, . . .?" Selbst Hörer, die über das folgende Thema noch nie nachgedacht haben, werden sich sagen: "Was bildet sich der Redner eigentlich ein? Natürlich habe ich mir darüber Gedanken gemacht!"
- *beginnt mit einer Zahlenangabe.* Wenn möglich, Zahlen anschreiben; Hörer nicht mit Zahlenkolonnen erschlagen. Beispiel für Beginn mit Fragen und Zahlenangabe: "Ist Ihnen bekannt, meine Damen und Herren, wie viele Menschen 1981 im Bundesgebiet durch Unfälle im häuslichen Bereich ums Leben kamen? Es waren 7 832 Kinder, Frauen und Männer, die durch Ausrutschen auf glatten Böden, durch Stolpern über Teppiche, durch Stürze von Leitern und Stühlen und andere Ursachen verunglückten und starben. Das waren täglich fast 22 Menschen. Das sind 22 Menschen proTag und 7 832 im Jahr zuviel. Was können und

müssen wir tun, um Unfälle im häuslichen Bereich zu verhindern?" (77)

- *beginnt mit einer Demonstration.* Wir Menschen sind Augenmenschen. Durch das Zeigen eines Gegenstandes gleich zu Beginn der Rede wird die Neugier und das Interesse der Hörer in hohem Maße geweckt. Beispiel für Einleitung durch Demonstration, kombiniert mit persönlicher Begebenheit und Zitat:
Einige Teilnehmer haben mich gefragt, ob ich mit dem Wagen nach Hannover gekommen sei. Ich bin geflogen, gestern schon; von Stuttgart über Frankfurt. In Frankfurt kaufte ich mir den "*stern*". Diesen hier, (ich zeige das "*stern-magazin") mit Frank Elstner* auf dem Titelblatt. Allerdings, *Elstner* mit dem Kopf nach unten. Einmal anders, so wie wir *Elstner* im Fernsehen nicht sehen. Ich fing gleich an, den Artikel über ihn zu lesen. Auf der vorletzten Seite fand ich folgende Stelle: "Vier Tage vor der Sendung, da ist er noch ganz locker, so locker, wie er auf jeden Fall in der Sendung sein, zumindest aber wirken will. Die Magenschmerzen, sagt er, die feuchten Hände kommen erst später. Hört das nie auf, trotz Routine? Nein, sagt er, das hört nie auf." (78) Magenschmerzen habe ich zwar keine, meine Damen und Herren, aber Lampenfieber schon. Eine andere Gruppe, neue Menschen. Daß ich etwas Lampenfieber habe, nehmen Sie mir sicher nicht ab. Trotzdem ist es da. Rhetorik – freie Rede – welche Erfahrungen haben Sie mit dem Lampenfieber? –
- *beginnt mit einer bewußten Provokation,* in Form einer Behauptung. Die Betonung liegt auf dem Wort *bewußt*. Wie oft provozieren wir Menschen, ohne daß es uns bewußt ist und wundern uns dann über die aggressiven Reaktionen der anderen. Mit der *bewußten Provokation* fordern Sie die Hörer stark heraus. Wer mit dieser Einleitungsvariante beginnen will, muß fachlich und persönlich sehr sattelfest sein. Passen Sie auf, daß Sie – bei aller Schärfe der Provokation – die Hörer nicht beleidigen. Außerdem: Sie müssen Ihre Behauptung beweisen können.

"Liebe Umweltverschmutzer hier im Saal. Ich meine nicht die, die rauchen, sondern diesmal die Autofahrer. Und ich weiß, daß das alle hier im Raum sind. Wenn Sie nicht gerade zum TÜV müssen oder die 20 000 km-Inspektion vor der Tür steht: Wie oft lassen Sie zwischen diesen Intervallen die Abgaswerte Ihrer Wagen kontrollieren? So gut wie nie – und das ist zuwenig! Meine Herren, wenn wir uns über den sauren Regen beschweren, dann sind es doch nicht immer nur die Kraftwerke, die . . ."

Einleitung durch "Sofort in die Mitte der Sache gehen"

Der Redner verzichtet auf jede längere Einleitung, er geht sofort *in medias res,* er beginnt gleich mit dem Thema. Das heißt nicht, daß das Wort "Thema" immer ausgesprochen werden muß. Öde sind Anfänge, wie zum Beispiel: "Das Thema der heutigen Stunde lautet: . . .", "Ich spreche heute über folgendes Thema: . . .", "Das Thema, über das ich referiere, heißt . . .". Gleich zur Sache kommen kann ich auch, wenn ich sage: "Subventionen für unsere Theater – Muß der Steuerzahler immer mehr zahlen, um sie am Leben zu erhalten? Darüber werde ich, meine Damen und Herren, zu Ihnen sprechen und meine Meinung sagen."

Wenn Sie mit dieser Einleitungstechnik beginnen, müssen Sie sehr langsam und eindringlich sprechen. Reden Sie anfangs sehr schnell – was generell wegen der Anfangsnervosität zu beobachten ist – versteht der Hörer das Thema nicht, er ist ja noch nicht "warm", noch gar nicht richtig "bei Besinnung". Die Einleitung *Sofort in die Mitte der Sache gehen* wird häufig von Rednern benutzt, die über eine andere Einleitungsart zu wenig nachdenken. Zeitnot ist meistens das Alibi für diese Technik. Auch bei Sachberichten und politischen Reden mögen es die Hörer nicht, wenn der Redner mit der Tür ins Haus fällt.

Ratschläge:

- Investieren Sie mehr Zeit in die Vorbereitung der Einleitung. Die Investition lohnt sich.
- *Formulieren Sie die Einleitung wörtlich und schreiben Sie sie wörtlich in das Stichwortmanuskript. Lernen Sie mindestens den ersten Satz auswendig.* Dadurch können Sie mit vollem Blickkontakt zu sprechen beginnen. Lesen Sie die übrigen Sätze vor – mit Blickkontakt zu den Hörern. Ich weiß, daß dieser Ratschlag paradox klingt. Freie Rede ist Sprechen mit Hilfe von Stichworten: und nun auf einmal wörtliche Rede? Ich empfehle Ihnen diese Vorgehensweise, weil Sie Ihnen eine enorme Startsicherheit gibt, die sich positiv auf den weiteren Redeablauf auswirkt. Nichts ist schwieriger, als ohne Vorbereitung und ohne Stottern und Verhaspeln eine starke Einleitung zu sprechen, die ohne Bruch in den Hauptteil mündet.
- Ist vor Beginn der Rede nichts Außergewöhnliches passiert, dann stoßen Sie Ihre Einleitung nicht mehr um. Mancher Redner begeht den Fehler, noch auf den letzten Metern des Weges vor die Hörer die Einleitung gedanklich umzubauen. Dem Redner "ist was Besseres eingefallen". Meistens kommt nichts Besseres – im Gegenteil!
- Es empfiehlt sich, in der Vorbereitungsphase die Einleitung erst dann zu formulieren, wenn der Hauptteil konzipiert ist.

Der Hauptteil

Der Hauptteil ist der wichtigste und größte Teil der Rede. Er bringt den Hörern die Kerngedanken, Informationen, Beweise, Widerlegungen, Beispiele. Diese Teile wiederum können nicht streng voneinander getrennt werden. Sie greifen ineinander, ergänzen sich.

Gliederungsmöglichkeiten des Hauptteils:

"Allgemein kann man die Gliederung nach vorwiegend logischen oder vorwiegend psychologischen Gesichtspunkten gestalten, je nachdem wie es Thema und Ziel erfordern. Wenn wir von vorwiegend logischer Gliederung sprechen, so heißt das selbstverständlich nicht, daß eine Gliederung nach psychologischen Gesichtspunkten unlogisch sein darf. Meistens werden sich logische und psychologische Momente gegenseitig durchdringen und ergänzen. Bei der logischen Gliederung bestimmen sachliche Momente, die den Verstand ansprechen, die Rede.

Die vorwiegend *logisch* gestaltete Gliederung kann analytisch oder synthetisch sein, sie kann von den einzelnen Teilen – Schlüssen, Urteilen, Begriffen usw. – ausgehen, oder sie kann vom Ganzen zu den einzelnen Teilen fortschreiten. Der Redner führt seine Zuhörer von der Betrachtung der Ursache zur Wirkung, vom Grund zur Folge. Diese Gliederung wird eine steigernde Beweisführung bevorzugen. Die Beziehung jedes Teils zum Ganzen ist so einzuordnen, daß jeder Teil vom Vorhergehenden getragen wird und das Folgende stützt.

Die *psychologischen* Gesichtspunkte richten sich vor allem auf Spannung und Steigerung, wie sie allerdings auch bei vorwiegend logischen Darlegungen vorkommen können. Dabei werden spannende und entspannende Momente abwechseln. Überraschungen werden zum Ähnlichen oder zum Gegensätzlichen führen. Der Redner wird seine Zuhörer von ihnen Bekanntem zum Unbekannten geleiten, vom Nahen zum Fernen, vom minder Wichtigen zum Wichtigen. Er wird wesentliche Tatsachen, Gedanken, Feststellungen wiederholen, um sie dem Zuhörer einzuprägen, da sie für den Fortgang der Gedankenentwicklung bedeutsam sind." (79)

- Wollen Sie eine Handlung schildern, so bestimmt der Ablauf des Geschehens die Schrittfolge des Hauptteils.
- Wollen Sie eine Stimmung erzeugen und vertiefen, werden Sie sich von der wachsenden Intensität – besonders im Ausdruck – leiten lassen.
- Bestimmt die Argumentation mehr den Aufbau des Hauptteils, so bieten sich Ihnen folgende Gliederungen an:

1. a) *Schilderung des Sachverhaltes,* der Ausgangssituation, des Ist-Zustandes.
   b) *Schilderung des Soll-Zustandes:* Zielsetzung; was soll, was muß erreicht werden?
   c) *Wege zeigen,* die zum Ziel führen.
2. a) *Schilderung der Tatsachen,* Ist-Situation.
   b) *Schilderung der Ursachen;* wie ist es dazu gekommen? Wer, was hat dazu beigetragen, daß es jetzt so ist, wie es ist?
   c) *Folgerungen:* Wie geht es weiter? Wie hat es, muß es weiter (zu) gehen? Wie soll es weitergehen?
3. a) *These(n)* aufstellen, Argumente für (pro) die These(n) entwickeln;
   b) *Antithese(n)* aufstellen, Argumente gegen (contra) die These(n) entwickeln;
   c) *Synthese* (einen Kompromiß) suchen und finden.

Der Schluß

Was die Menschen in der Endphase einer Rede hören, bleibt meistens am längsten haften und hallt noch lange nach. Was in den Köpfen und Herzen der Hörer haften bleibt und weiter wirken soll, was die Hörer nach Ihrer Rede tun oder lassen sollen: das beeinflussen Sie sehr durch die Gestaltung des Schlusses. Bereiten Sie ihn deshalb genauso sorgfältig vor wie die Einleitung. Einleitung und Schluß – zwischen diesen Säulen ist der Hauptteil aufgehängt. Ich habe Redner erlebt, deren Hauptteile einige Schwächen aufwiesen, die jedoch durch eine starke Schlußphase wettgemacht wurden. Umgekehrt: Gute Hauptteile, schwache Schlußphase. Hörerurteil: insgesamt schwache Leistung.
Je nach dem Ziel Ihrer Rede bieten sich folgende Schlußformen an, die in der Redepraxis kombiniert werden können:

Die zusammenfassende Wiederholung

Sokrates im Gespräch mit *Phaidros:* "*Sokrates:* ...Über den Schluß der Reden aber herrscht offenbar bei allen dieselbe Meinung, wobei ihn einige als Wiederholung bezeichnen und andere ihm einen anderen Namen geben. *Phaidros:* Du meinst damit, daß man am Ende in einer Zusammenfassung den Zuhörern noch einmal alles in Erinnerung ruft, was man gesagt hatte. *Sokrates:* Ja, das meine ich." (80) In die zusammenfassende Wiederholung gehören keine neuen Gedanken; sonst besteht die Gefahr, daß eine zweite und dritte Rede gehalten wird. Diese Schlußform hebt noch einmal die Kerngedanken hervor, um sie zu bekräftigen und zu vertiefen.

Die Schlußfolgerung
Aus den bisherigen Darlegungen ziehen Sie den folgerichtigen Schluß.

Schluß mit Zitat
Der Schluß muß organisch aus dem Hauptteil wachsen. Das gilt auch für das Zitat am Ende. Die Schlußwirkung des Zitats verpufft, wenn es abgegriffen ist, aus dem ursprünglichen Zusammenhang gerissen und dem Hauptteil ohne Übergang angehängt wird.

Aufforderung zur Tat
Bei dieser Schlußform werden die Kerngedanken wiederholt und mit einer Aufforderung zur Tat verbunden. Diese Schlußform hat einen stark appellativen Charakter. Der Appell (ein Auf- und Mahnruf), meist in kurzen, einprägsamen Sätzen gesprochen, soll die Hörer in einer bestimmten Weise handeln lassen.
". . . deshalb bitte ich Sie, diesem Investitionsvorhaben zuzustimmen!"
". . . wählen Sie deshalb am . . . die xy-Partei!"
". . . wenn Sie also merken sollten, daß Ihre Sehschärfe nach-

läßt: Gehen Sie rechtzeitig zum Augenarzt, lassen Sie Ihre Augen untersuchen, lassen Sie sich – wenn nötig – eine Brille verschreiben, und tragen Sie sie auch!"

Weitere Ratschläge:

- *Formulieren Sie den Schluß* – wie die Einleitung – *wörtlich und schreiben Sie ihn wörtlich in das Stichwortmanuskript. Lernen Sie mindestens die letzten zwei, drei Sätze auswendig.* Nichts ist härter, als einen wirksamen Schluß improvisiert zu sprechen. Das gelingt nur wenigen. Nur in Ausnahmefällen den vorbereiteten Schluß umstoßen. Sprechen Sie den letzten Satz mit vollem Blickkontakt.
- Hüten Sie sich vor solchen Schlüssen, wie zum Beispiel:
  – "Abschließend möchte ich noch bemerken . . ."
  – "Ich komme zum Schluß . . ."
  – "Ich hoffe, daß es mir gelungen ist, Ihnen . . ." (Hörer: "Es ist ihm nicht gelungen!")

  "Lassen Sie mich, bevor ich zum Schluß komme, noch . . .". (Als neulich ein Redner diese Floskel öfter gebrauchte und dann noch zwanzig Minuten weiterredete, hörte ich einen Hörer neben mir stöhnen: "Nun mach doch endlich Schluß, wir haben es dir nicht verboten!")

  Tucholsky: "Kündige den Schluß deiner Rede lange vorher an, damit die Hörer vor Freude nicht einen Schlaganfall bekommen . . . . Kündige den Schluß an, und dann beginne deine Rede von vorn und rede noch eine halbe Stunde. Dies kann man mehrere Male wiederholen." (81)

  – Danken Sie den Hörern nicht so häufig fürs Zuhören. Dieses "Schönen, vielen, herzlichen Dank für Ihre Aufmerksamkeit" ist oft kein Dank für das Zuhören, sondern bedeutet: "Gott sei Dank, ich habe es geschafft und bin von euch nicht in der Luft zerrissen worden." Ich meine: Die Hörer sollen Ihnen für das danken, was Sie Ihnen geboten haben. Hoffentlich war das etwas Interessantes! Wenn Sie dieses "Danke . . ." künftig auch so sehen, ist es in den meisten Fällen überflüssig.

- Genauso schlimm wie ein *Schluß ohne Ende* ist das *Ende ohne Schluß*. Der Redner hört abrupt auf. ("Das wars, was ich zum Thema sagen wollte.") Die Hörer sind verdutzt und meinen: "Da fehlt doch noch etwas!" Verabschieden Sie sich von den Hörern, indem Sie die letzten Sätze etwas lautstärker und langsamer sprechen; ein leichtes Nicken des Kopfes und dann Abgang.

14.6 Vorbereitungsphase 5: Schreiben des Stichwortmanuskripts

Ist der vorhandene Stoff ausgewählt, gegliedert und die Rede aufgebaut, schreiben Sie das Stichwortmanuskript. Seine äußere Form ist sehr wichtig, weil Sie sich mit einem Blick orientieren müssen. Oberstes Prinzip für das Stichwortmanuskript ist Übersichtlichkeit.

Ratschläge:

- Schreiben Sie auf DIN A 4-Bogen, im Querformat. Schreiben Sie mit Faserstift (dicke Mine) große, fette Buchstaben, am besten in Druckschrift. Benutzen Sie für Haupt- und Nebenstichwörter unterschiedliche Farben. Besonders wichtige Stichwörter können Sie durch Unterstreichen oder besser durch Überstreichen (Farbmarker) hervorheben. Mit dieser Technik überbrücken Sie – wenn kein Rednerpult vorhanden ist – besser die Entfernung zwischen Tischplatte und Augen. Auch beim Sprechen hinterm Tisch – oder Stehpult: Bleiben Sie bei der Großschrift. Das kostet – so scheint es auf den ersten Blick – mehr Blätter. Sparen Sie nicht mit Papier. Es ist keine Schande, für eine Dreiminutenrede mit sechs bis acht Seiten anzutreten.
- Sollten Manuskriptseiten durch Streichungen und Einfügungen unübersichtlich geworden sein: schreiben Sie ein zweites Mal.
- Beschreiben Sie die Bogen nur einseitig. Damit entfällt das lästige Umblättern.

- Um ein Durcheinander der Manuskriptseiten zu verhindern: numerieren Sie die Seiten oben rechts mit groß geschriebenen Zahlen. Sollten Ihnen die Manuskriptseiten einmal vom Tisch gefegt werden oder vom Pult rutschen: Sie können die Seiten schneller sortieren.
- Verwenden Sie bei der Gestaltung der Seiten ein Schema. Bleiben Sie über alle Seiten bei diesem Schema.
- Schreiben Sie die Einleitung und den Schluß auf je eine Seite.

Es gibt bestimmt viele Möglichkeiten, ein Stichwortmanuskript übersichtlich zu gestalten. Ich schlage Ihnen das folgende Muster vor, weil ich es seit vielen Jahren mit Erfolg anwende. Das folgende Muster soll ein DIN A 4-Querformat darstellen. Die angegebenen Zahlen sind die tatsächlichen Maße.

TEILZEITEN	GLIEDERUNG/ HAUPTSTICHWORTE	THEMA/ÜBERSCHRIFT(EN) ↑ 2,5 cm ↓	REGIE	PLATZ FÜR SEITEN-ZAHL
←1,5 cm→	←7 cm→	←15 cm→	←6 cm→	
Diese Spalte enthält die Minuten, die Sie für die Abschnitte maximal vorgesehen haben	Diese Spalte enthält die Gliederung und die Hauptstichworte (Unter-Überschriften zu den Abschnitten des Hauptteils)	In diese Spalte schreiben Sie die Nebenstichworte, Zahlen, Daten	In dieser Spalte geben Sie sich zusätzliche Regieanweisungen, zum Beispiel: Material verteilen, Folien auf Tageslichtprojektor, Demonstrationsmaterial zeigen, Beispiel xy erzählen usw. (Bitte keine Kreuze mit dem Hinweis: Hier wütend mit Faust auf Tisch schlagen!) Außerdem bietet diese Spalte Platz zur Aufnahme aktueller Informationen, die im Zeitpunkt des Schreibens des Stichwortmanuskriptes nicht bekannt waren.	

Das folgende Beispiel (aus drucktechnischen Gründen verkleinert und gekürzt) zeigt, wie ein nach diesen Ratschlägen gefertigtes Stichwortmanuskript aussehen kann. Das Beispiel – von mir mit meiner Schriftgröße nur abgeschrieben – stammt von einem Teilnehmer aus einem meiner Rhetorikseminare. Übung: Freie Rede. Jeder Teilnehmer hatte die Aufgabe, über das Leben einer bekannten Persönlichkeit zu sprechen. Lesestoff (wörtlich) und Bildmaterial wurde ausgehändigt. Vorbereitungszeit: eine Stunde. Thema in diesem Fall: Ludwig van Beethoven – Sein Leben. Redeziel: Hörer über die wesentlichen Lebensabschnitte des Komponisten informieren. Hörer: Teilnehmer des Rhetorikseminars. Redezeit: sechs Minuten. (Angaben über das Redeziel, die Hörer und die Gesamtredezeit brauchen nicht unbedingt auf dem Stichwortmanuskript vermerkt werden).

TEILZEITEN	GLIEDERUNG / HAUPTSTICHWORTE	Ludwig van Beethoven – sein Leben	REGIE 1
1	Einleitung	„Gebt auf diesen Jüngling acht, er wird noch viel in der Welt von sich reden machen." Mit diesen Worten, meine Damen und Herren, schätzte Mozart im Jahre 1787 den 17jährigen Beethoven ein. Heute wissen wir, mit welchem Können Beethoven diesen Worten gerecht wurde. Wie verlief – in wesentlichen Abschnitten – das Leben dieses musikalischen Genies, dessen Bild Sie hier sehen? Welche Höhen und Tiefen durchlebte Ludwig van Beethoven?	Zitat Bild Beethoven
⋮ usw.	Hauptteil Geburt Familie ⋮ usw.	– genaues Geb.-Dat. unbekannt – getauft 17.12.1770 Bonn – Musiker, aus Flämischen eingewandert Großvater (Sängerknabe) Vater (Tenorist) ⋮ usw.	⋮ usw.
	Schluß	Stephan von Breuning sagte am Grabe Beethovens: „Beethoven wird als Komponist der Herr über die Welt sein, so wie den Triumph der Menschheit, für die er kämpfte, niemand aufhalten kann."	Zitat

Wenn Sie durch das Üben mit diesem Format genügend routiniert sind, probieren Sie kleinere Formate aus: DIN A 5-quer und DIN A 6-quer (kartonartiges Papier). Diese Formate eignen sich gut für die Rede freistehend im Raum. Besonders das Postkartenformat fällt kaum auf. Es ist zu klein, um sich daran festhalten zu können, und ist zu steif, um es während der freien Rede zu Rollen drehen zu können.

Stichwortmanuskript und wörtliche Textpassagen

Mit Ausnahme der Einleitung und des Schlusses enthält das Stichwortmanuskript keinen ausformulierten Text. Es kann jedoch vorkommen, daß Sie – aus welchen Gründen auch immer – bei bestimmten Passagen *auf jedes Wort* achten müssen. Schreiben Sie diese Stellen handschriftlich oder mit Maschine in die 15 cm breite Nebenstichwortspalte. Benutzen Sie eine Schreibmaschine, dann wählen Sie die größte Schrifttype und schreiben Sie 1 1/2- oder 2-zeilig. Lassen Sie den Text nicht über die ganze Nebenstichwortspalte laufen. Schreiben Sie atemgerecht. Das verbessert wie von selbst Ihre Betonung.

Das wörtliche Redemanuskript

Um Ihnen zeigen zu können, wie wörtliche Redemanuskripte von Politikern aussehen, schrieb ich im November 1981 an die Vorsitzenden der im Deutschen Bundestag vertretenen Parteien (CDU, CSU, F.D.P., SPD). Ich bat darum, mir eine Seite aus den Redemanuskripten zu schicken und mir zu gestatten, diese Seiten zu veröffentlichen. Eine Zusage erhielt ich: vom Parteivorsitzenden Willy *Brandt*. Die mir in Kopie überlassene Seite – 7a – des Manuskriptes stammt aus einer Rede, die Willy *Brandt* am 26. Mai 1981 – anläßlich der Aussprache über die Regierungserklärung zur Außen- und Sicherheitspolitik – im Deutschen Bundestag gehalten hat.

aus: Rede Willy Brandt anläßlich der Aussprache
über die Regierungserklärung zur Außen- und
Sicherheitspolitik am 26. Mai 1981 - 7a -

Dabei bin ich mir wohl bewußt, wie leicht es ist, Gleichgewicht oder annäh. Gl. zu sagen - und wie schwer, diesen Begriff in einem ~~dauernden~~ Prozess des raschen Wandels konkret zu erfassen.

Man braucht ~~nur mit Kollegen aus anderen Teilen der Welt zu sprechen, um - zusätzlich zu den eigenen europäischen Erwägungen -~~ kein Experte zu sein, um ein Gefühl davon zu bekommen, wie schwierig es ist, regionale Gleichgewichte im Zusammenhang mit einer globalen Balance der Kräfteverhältnisse so zu interpretieren, daß daraus vernünftige Schlüsse gezogen werden können.

Ganz zu schweigen von dem nicht nur bedrückenden, sondern ~~niederdr~~ drückenden Gefühl, daß die Waffentechnik neue qualitative Sprünge macht, während gleichzeitig strategische Absprachen ins Rutschen kommen, auf die sich K. + Chr. vor 20 Jahren mit Ach + Krach verständigt hatten.

Das ~~WT~~ ist doch keine Nebensache, das müsste uns doch alle aufrütteln!

~~- 8 -~~

-8-

Bei dieser Manuskriptseite fällt auf, daß das Format DIN A 4 hochkant gewählt wurde. Neben dem Lochrand ist noch Platz gelassen. Die mit der Maschine geschriebenen Zeilen haben eine Länge von max. 13 cm. Das ist günstig, weil sie den Blickwinkel einengen. Die Augen müssen nicht vom Lochrand an über die gesamte Breite des Blattes laufen. Zeilenabstand: zweizeilig. Dieser Abstand ermöglicht Korrekturen und nachträgliche Hinzufügungen. Zwischen den Absätzen ist sehr viel Platz. Es ist zu vermuten, daß nur diese Seite (weil Seite –7a–) bis zur Hälfte beschrieben wurde.

Ich habe versucht, die erste Hälfte dieser Manuskriptseite noch lese- und sprechfreundlicher zu gestalten:

Dabei bin ich mir wohl bewußt,
wie leicht es ist,
Gleichgewicht
oder annäherndes Gleichgewicht zu sagen –
und wie schwer,
diesen Begriff in einem Prozess
des raschen Wandels konkret zu erfassen.

Man braucht kein Experte zu sein,
um ein Gefühl davon zu bekommen,
wie schwierig es ist,
regionale Gleichgewichte im Zusammenhang
mit einer globalen Balance der Kräfteverhältnisse
so zu interpretieren, daß daraus
vernünftige Schlüsse gezogen werden können.

Um Ihnen auch noch zeigen zu können, wie Nachrichtensprecher und Moderatoren des deutschen Fernsehens wörtliche Manuskripte gestalten, schrieb ich an das ZDF und an die ARD (WDR, Köln). Von Herrn Friedrich *Nowottny* erhielt ich eine Seite der Moderation aus dem "Bericht aus Bonn" vom 8. 1. 1982. "Bei dem Text handelt es sich", wie mir Herr *Nowottny* schrieb, "um die Abmoderation zu einem Beitrag über das Treffen von Bundeskanzler Helmut Schmidt mit US-Präsident Ronald Reagan am 5. 1. 1982 in Washington, bei dem die deutsche Haltung in der Polen-Frage und die sich in der amerikanischen Öffentlichkeit widerspiegelnde Meinung dazu eine Rolle gespielt haben. Der letzte Absatz auf dieser Seite ist die Einleitung zu einem Interview mit dem CSU-Vorsitzenden Franz Josef Strauß, der sich ebenfalls zu diesem Thema äußert."

Nowottny Studio

Der US-Außenminister focht für Helmut Schmidt mit Finessen. Ihm ging es darum, die amerikanische Entschlossenheit mit Verständnis für die Europäer zu verbinden. Darin ist er geübt. Er weiß, daß gefühlsbetonte Politik natürliche Grenzen hat. Schließlich wollen auch die USA mit den Sowjets im Gespräch bleiben. Nicht bedingungslos, eher in einer Angebotsmischung zwischen Raketen- und Getreidesilo.
Der Kanzler geht davon aus, daß auch die Bundesrepublik eine für sie passende Umgangsform mit Moskau zu finden hat. Trotz oder gerade in der Polen-Krise. Ihm ist dabei wohl entgangen, daß Politik nicht nur ein kühles Rechenexempel ist.

Die Opposition hat es da einfacher. Genau genommen haben auch CDU/CSU geglaubt, mit der gemeinsamen Resolution des Bundestages zu Polen ihr Protestsoll erfüllt zu haben, ehe sie zu den Weihnachtsbäumen eilten. Erst jetzt dämmert auch der Opposition, daß sie selbst ein Teil der verbalen Versäumnisse, die dem Kanzler zum Vorwurf gemacht werden, mitzuverantworten hat.
Die CSU hat heute in zwölf Punkten in Wildbad Kreuth Nacharbeit geleistet.

An diesem Manuskript fällt auf, daß der Abstand zwischen Lochrand und Textbeginn 8 cm beträgt. Viel Platz also für Änderungen in eventuell letzter Minute. Maximale Zeilenlänge 9 cm, 1 1/2-zeilig geschrieben. Einzelne Wörter oder Wortgruppen sind – um sie besonders zu betonen – unterstrichen.

Nun will ich weder Herrn *Brandt* noch Herrn *Nowottny* vorschreiben, mit welcher Schrifttype und Zeilenlänge und mit welchem Zeilenabstand zu schreiben ist. Jeder muß – auch Sie – auch in dieser Beziehung seinen Stil durch Probieren finden. Nehmen wir an, Sie müßten den Text von Herrn *Nowottny* nicht sitzend, sondern stehend sprechen. Eine größere Schrifttype wäre in diesem Fall vorteilhaft. Machen wir mit dem letzten Absatz der Seite die Probe aufs Exempel.

Die Opposition hat es da einfacher.
Genau genommen
haben auch CDU/CSU geglaubt
mit der gemeinsamen
Resolution des Bundestages zu Polen
ihr Protestsoll erfüllt zu haben, ehe
sie zu den Weihnachtsbäumen eilten.
Erst jetzt dämmert auch der Opposition,
daß sie selbst
ein Teil der verbalen Versäumnisse,
die dem Kanzler
zum Vorwurf gemacht werden,
mitzuverantworten hat.
Die CSU hat heute in zwölf Punkten
in Wildbad Kreuth Nacharbeit geleistet.

14.7 Checkliste zur Vorbereitung der freien Rede

Kriterien	Bemerkungen
1. WER SIND DIE HÖRER? ZU WEM REDE ICH? 1.1 Anzahl der Hörer? 1.2 Zusammensetzung der Hörer nach ihrem Geschlecht? 1.3 Altersstruktur der Hörer? 1.4 Soziale Schichtung der Hörer und damit zusammenhängende Fragen (Bildungsniveau, Vorverständnis, Berufe, Position, politische Einstellung)? 1.5 Erwartungen, Ansichten, Meinungen, Vorurteile, Motive der Hörer?	
2. WIE SIND MEINE BEZIEHUNGEN ZU DEN HÖRERN?	
3. WAS UND WIE WILL ICH ES SAGEN? 3.1 Redeart? 3.2 Redeziel (Zwecksatz)? 3.3 Redezeit? 3.4 Thema/Überschrift 3.5 Redestoff sammeln und auswählen 3.6 Rede aufbauen und gliedern 3.7 Stichwortmanuskript schreiben 3.8 Kann ich optische Hilfsmittel einsetzen? Wenn ja: welche?	
4. WANN UND WO REDE ICH? 4.1 Wie ist die allgemeine wirtschaftliche, politische Situation? 4.2 Tag, Uhrzeit? 4.3 Im Raum? (Beschaffenheit) Im Freien? 4.4 Welche sonstigen organisatorischen Einzelheiten sind noch zu klären?	

Ihre Bemerkungen zum 14. Kapitel:

15. Sich versprechen und das Steckenbleiben

15.1 Die Versprecher

Freudsche Fehlleistung
In Sigmund *Freuds* Buch "Zur Psychopathologie des Alltagslebens" steht eine Geschichte über einen Professor, der sich im Kollegenkreis über die unglaublichen Zustände an der Universität erregt. Der Professor reißt sich zusammen, er will kein unanständiges Wort benutzen. Er sagt jedoch: "Da sind Dinge zum Vorschwein gekommen!" (82) Damit kam etwas zum Vorsch(w)ein, was er eigentlich Schweinerei nennen wollte. *Freud* erzählt diese Geschichte, um klarzumachen, wie sich die wahren Gedanken eines Menschen in Versprechern ihre Bahn brechen. Seit *Freud* diese Versprecher gedeutet hat, nennt man sie *Freudsche Fehlleistungen.* Eine Nachrichtensprecherin der *Tagesschau* hörte ich *Revolutionspapier* sagen. Heißen sollte es wohl *Resolutionspapier.* Als der Papst die Bundesrepublik besuchte, sprach ich in Düsseldorf zu Teilnehmern eines Rhetorikseminars. In meinem Stichwortmanuskript stand öfter das Wort "Ökonomie". In der Pause klärten mich Teilnehmer auf, daß ich zweimal "Ökumene" gesagt hatte.

"Wie kann ich", werden Sie sich vielleicht fragen, "solche Fehlleistungen verhindern?" Trotz bester Vorbereitung und Konzentration: Sie können sie nicht vermeiden. Sie können sich während der Rede noch nicht mal verbessern, weil Ihnen diese Versprecher nicht bewußt sind. Vielleicht ist es Ihnen schon mal passiert, daß die Hörer plötzlich lachten, obwohl es aus Ihrer Sicht an dieser Stelle gar nichts zu lachen gab. Hier war bestimmt *ein Freud* mit im Spiele. Seien Sie nicht allzu konsterniert, wenn die Hörer lachen und Sie nicht sofort korrigieren. Bohren Sie nicht nach ("Ist was passiert?" – "Habe ich etwas Falsches gesagt?"), sonst lachen die Hörer noch mehr. Nehmen Sie sie hin, die *Freudschen Fehlleistungen.* Noch ein Tip: Lachen Sie mit, wenn die Hörer lachen; so, als ob Sie wüßten, warum gelacht wird. Fragen Sie nach der Rede einen guten

Bekannten, ob er Ihnen sagen kann, weshalb den Hörern die Freudentränen über die Wangen gekullert sind.

Die anderen Versprecher

Daß Sie sich ab und zu versprechen, ist menschlich und läßt Sie menschlich bleiben. Nur die, die ihre Rede wörtlich ablesen, sind davon überzeugt, sich niemals zu versprechen. Die Wirklichkeit sieht anders aus.

Ratschläge:

- Solange nicht ein Versprecher den anderen jagt, brauchen Sie sich für Versprecher nicht zu entschuldigen.
- Kleine grammatikalische Unrichtigkeiten brauchen Sie nicht zu verbessern. Verbessern Sie doch, ist es auch gut. Die meisten Hörer sind verständnisvoll. Sie erwarten kein redendes Grammatikbuch. Außerdem wissen die Hörer, was Sie sagen wollten.
- Gröbere Sprachschnitzer korrigieren.
- Bei Fremdwörtern: Beim ersten Aussprechen geht's schon schief, Sie verhaspeln sich. Sie verbessern: Ihnen entschlüpft ein noch schlimmeres Ungeheuer. Setzen Sie bitte nicht ein drittes Mal zur Wiederholung an. Die Hörer wissen schon längst, wie das Fremdwort richtig heißt. Wenn sie es Ihnen zurufen, dann freundlich-lustig bedanken. Oder: Sie sagen zu den Hörern – dazu gehört ein bißchen Mut –: "Meine Damen und Herren, ich bringe das verflixte Wort nicht heraus. Sie wissen schon, was ich meine."
- Sie beginnen einen Satz und merken: der wird immer länger und länger, den kriege ich nie richtig zu Ende. Bandwurmsätze abbrechen mit ". . . das heißt, . . .".

15.2 Das Steckenbleiben

Sie verlieren den Faden, Sie bleiben in der Rede stecken. Manchmal tritt dann eine peinliche Stille ein, die Hörer leiden mit; Alptraum eines jeden Redners. Trotzdem ist die Situation nicht so peinlich, wie Sie sie empfinden.

Damit Sie nicht mehr alpträumen, zwei Ratschläge:

- Nicht den verlorenen Faden suchen. Zuletzt Gesagtes mit anderen Worten zusammenfassen. Bei dieser Vorgehensweise finden Sie manchmal den Faden wieder. Wenn nicht:
- Zu einem neuen Stichwort übergehen. Das Vergessene nachholen, zum Beispiel mit den Redewendungen: "... und wenn ich vorhin ... dann komme ich jetzt auf ... zurück", "... an dieser Stelle möchte ich noch einfügen ...", "... mir fällt übrigens noch ein, ...".

16. Zwischenrufe und Fragen während der freien Rede

In der Wechselrede (Diskussions-, Debattenrede) sprechen Redner und Hörer. In der freien Rede hat nur der Redner das Wort. So gesehen sind Zwischenrufe Störungen, wenn auch der Redner sie nicht als solche empfinden mag. Mit Zwischenrufen soll gewissermaßen der Monolog des Redners unterbrochen und eine kurze oder längere Wechselrede vorweggenommen werden. Die Beweggründe für Zwischenrufe sind sehr unterschiedlich.

Die Zwischenrufer wollen den Redner

- irritieren, aus dem Rhythmus bringen;
- provozieren, wütend und aggressiv machen, damit er Dinge sagt, die er gar nicht sagen wollte;
- vom Thema abbringen und ihm andere Themen unterschieben;
- lächerlich machen, abwerten; hilflos aussehen lassen;
- mundtot machen und ihn zur Aufgabe zwingen.

Ein paar Ratschläge für die "Behandlung" solcher Zwischenrufer: Ich habe "Behandlung" in Anführungszeichen gesetzt, weil Sie nicht handgreiflich werden sollen!

- Oberstes Gebot bei allen Zwischenrufen: Ruhe bewahren! Auch dann, wenn es Ihnen schwer fallen sollte.

- Relativ harmlose Zwischenrufe überhören. Auf unsinnige, belanglose Zwischenrufe nicht eingehen. Keine Wechselrede anfangen. Damit würden Sie den Zwischenrufer aufwerten.
- Erkennen Sie, daß die Zwischenrufe einer Böswilligkeit entstammen, ergeben sich für Sie folgende abgestufte Behandlungsmöglichkeiten:
  - Höflich, freundlich antworten
  - Humorvoll, witzig, ironisch reagieren; elegant abblitzen lassen.

Zwischenruf: "Was haben Sie denn schon zu bieten!"
Antwort: "Jedenfalls nicht das, was Sie jetzt den Zuhörern bieten!"

- Sollten sich trotz der bisher aufgezeigten Vorgehensweisen die Zwischenrufe häufen, verleumderisch und bösartiger werden, müssen Sie die Störer abfertigen. Lautstark, kurz und bündig kontern. Man kann nicht immer nur mit dem Florett fechten. Manchmal gehören auf grobe Klötze grobe Keile. Die Mehrzahl der Hörer wird Ihnen dafür dankbar sein; denn die ist gekommen, um Ihnen zuzuhören.

Zwischenruf:	"Sie bringen wir noch auf Null!"
Antwort:	"Nullen wie Sie können nichts auf Null bringen!"

Zwischenruf:	"Ich lasse mich doch nicht vergackeiern!"
Antwort:	"Sie krähen und gackern doch sowieso schon!"

Zwischenruf:	"Ich werde Ihnen mal zeigen, wo der Barthel den Most holt!"
Antwort:	"Dann sind Sie ja schon öfters dort gewesen!"

Wenn Herbert *Wehner* in den Jahren bis 1978 im Deutschen Bundestag Mitglieder der Oppositionsparteien mit diffamierenden und unflätigen Ausdrücken, wie zum Beispiel: "NS-Schulungsredner", "Dreckschleuder", "Hodentöter", "Säue", "Schwein" anpöbelte, dann war die Grenze zumutbarer Zwischenrufe überschritten.

– Sollten die Störungen andauern und heftiger werden (bis zum Krawall und Tumult): Rede unterbrechen; den Veranstalter freundlich bitten, für Ruhe zu sorgen. Letzte Schritte: Störer auffordern, den Saal zu verlassen; bei Nichtbefolgung: Störer durch Ordnungsdienst entfernen lassen; gelingt das nicht: Polizei rufen; ist sie überfordert: Abbruch der Rede/der Veranstaltung.

Die Zwischenrufer

– stellen dem Redner nur zum Schein sachliche Fragen. In Wirklichkeit wollen sich diese Hörerredner nur aus Eitelkeit und Geltungsdrang vor der Hörerschaft profilieren.

Ratschläge für die Behandlung:

- Freundlich, sachlich antworten. Nur kurze Wechselrede. Oder:
- Den Profilneurotikern, so will ich sie nennen, "Zucker geben", das heißt, deren Fragen/Einwände "loben": "Gut, daß Sie darauf zu sprechen kommen . . .", "Interessante Frage, die Sie da anschneiden . . .", "Ihre Frage zeigt mir, daß Sie das sehr interessiert . . .", dann: Sagen Sie, daß Sie die Frage noch behandeln werden. Oder: Sie verweisen auf die nachfolgende Diskussion. Oder: Sie erklären sich zu einem Einzelgespräch nach der Rede bereit. Häufig werden Sie erleben, daß sich diese Sorte Zwischenrufer nach der Rede schnell verkrümelt oder sich in der Diskussion kaum noch zu Wort meldet und meistens auf Gespräche unter vier Augen verzichtet. Warum? Sie haben das Prestigebedürfnis dieser Zwischenrufer befriedigt. Nichts anderes brauchten und wollten die.

- lassen durch gelegentliche Bemerkungen ("Hört, hört!", "Genauso ist das!" . . .) den Überschuß an Temperament ab.

Ratschlag:

- Solange die Zwischenrufe nur gelegentlich kommen: Überhören oder im Redefluß kurz stoppen, die nicht dazwischenrufenden Hörer freundlich (nicht grinsen!) anschauen und dann weiterreden.

Die Zwischenrufer

- bitten darüber um Erläuterungen, was sie als Hörer falsch verstanden haben oder wovon überhaupt nicht die Rede war (siehe 8. Kapitel).
- stellen dem Redner Fragen, um über Sachverhalte noch spezielle Auskünfte zu erhalten.

Ratschlag:

- Begegnen Sie diesen Zwischenfragern in der Haltung, die Ihnen entgegengebracht wird, nämlich ehrlich und sachlich. Entweder antworten Sie sofort, oder Sie verweisen auf die anschließende Diskussion, oder Sie bieten ein Einzelgespräch an.

Ihre Bemerkungen zum 15. und 16. Kapitel:

17. Rede, äußerer Rahmen und organisatorische Tips

17.1 Reden in Räumen

- Raum vor der Rede unbedingt ansehen. Atmosphäre schnuppern. Lüftung, Beleuchtung, Heizung prüfen. Wo befinden sich die Notausgänge, um im Ernstfall Hörern Anweisungen geben zu können. Dafür sorgen, daß während der Rede keine Speisen und Getränke serviert werden.
- Mitgebrachtes Gerät (Flip-Chart, Tageslichtprojektor, Leinwand, . . .) rechtzeitig vor Beginn aufbauen und prüfen.
- Zur Verfügung gestelltes Gerät ebenfalls auf Funktionsfähigkeit prüfen: Verlängerungskabel, genügend Papier, Folien und Stifte vorhanden? Tageslichtprojektor ausprobieren: Wo sind die Ein- und Ausschaltknöpfe? Ersatzbirne vorhanden? Stimmt die Entfernung Projektor-Leinwand? Probeschreiben.
- Wenn möglich: Hörer nicht gegen die Fenster (Tageslicht) setzen. Ist der Raum im Verhältnis zur Zahl der Hörer zu groß: hintere Stuhlreihen ausräumen oder durch Seil absperren. Wenn die letzten Stuhlreihen mehr als die vorderen besetzt sind, Hörer bitten, aufzustehen und nach vorn zu kommen; dafür danken!
- Das Rednerpult: Ich bin ein Gegner des Redens hinterm Pult. Die meisten Rednerpulte sind klobig, wirken wie eine Barrikade zwischen Redner und Hörer. Und hat der Redner kein Gardemaß, dann sieht man von ihm nur noch den Brustansatz, Krawattenknoten, Adamsapfel und Kopf; die Hände fest ans Pult geklammert (Abb. 28. und Abb. 29).

Abb. 28

Abb. 29

Haben Sie Mut, vom Rednerpult wegzukommen. Sprechen Sie hinter einem Tisch. Wenn Sie Ihre Stichwortmanuskripte so anfertigen, wie von mir vorgeschlagen (große, fett geschriebene Buchstaben), ist die Entfernung zwischen Tischplatte und Augen nicht zu groß. Keine Angst: Sie landen nicht mit der Nase im Stichwortmanuskript. Die Übungen in meinen Rhetorikseminaren beweisen das immer wieder. Wenn Sie mit Mikrofon reden: Lassen Sie es sich auf oder vor den Tisch stellen. Sollten Sie sich bei dem Vorschlag mulmig fühlen, trainieren Sie eine Zwischenform: Besorgen Sie sich ein Tischpult (Abb. 30).

Abb. 30

Die Hörer sehen mehr von Ihnen. Außerdem ist das Tischpult zu klein, um sich daran festkrallen zu können. Der Körper kann gestikulieren, und das ist, wie Sie wissen, wichtig. Reden Sie hinter einem Tischpult, dann bleiben Sie bei der empfohlenen Gestaltung des Stichwortmanuskripts. Immer wieder beobachte ich: Je kürzer der Abstand zwischen Manuskript und Augen, desto kleiner werden die Wörter geschrieben. Ist ein Tisch/Tischpult nicht vorhanden oder dessen Aufstellung nicht möglich, dann reden Sie frei stehend im Raum (Abb. 31 und Abb. 32).

Abb. 31

Abb. 32

Die Größe des Stichwortmanuskripts: DIN A 6, Papier: Karton (siehe Abb. 32). Dieses Format (auch bei hintereinander gesteckten Karten) liegt gut in der Hand und ist zu klein, um sich daran festhalten zu können. Sie rascheln nicht mit dem Papier. Die Gefahr, daß Sie das Postkartenformat in der Aufregung zu noch kleineren Formaten kneten, ist gering.

- Wenn Sie das Rednerpult trotz allem nicht missen möchten oder keine andere Wahl haben, dann empfehle ich Ihnen folgendes:
- Steht das Rednerpult auf der Bühne: Herunter damit und hinein in den Saal.
- Sollten Sie mit der Nasenspitze gerade noch über den Pultrand sehen: Kastenaufsatz hinlegen, sich darauf stellen, damit Sie besser zu sehen und zu hören sind. (Bitte keine Fußbänke!)

– Halten Sie sich nicht am Rednerpult fest (Gestik!) und lümmeln sich nicht (à la Bundestag!) aufs Pult. Mit beiden Beinen fest auf dem Boden; Grundposition. So also nicht (Abb. 33 und Abb. 28, Abb. 29).

Abb. 33

– Versuchen Sie, ein Rednerpult beschaffen zu lassen, das so konstruiert ist (Prinzip Notenständer):

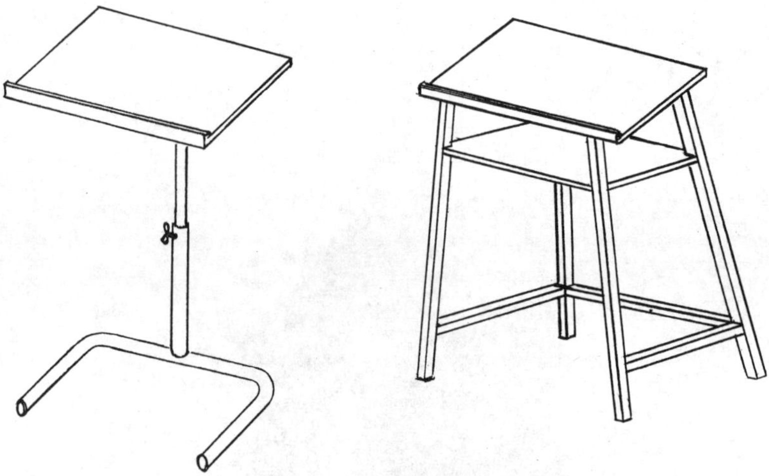

● Das Reden übers Mikrofon
- Verzichten Sie, wenn es irgend geht, auf das Mikrofon. Das ist bei Reden in Räumen mit 200–400 Plätzen meistens noch möglich. Regulieren Sie Ihre Lautstärke nach den am weitesten sitzenden Hörern.
- Je nach Qualität des Mikrofons verschieden großen Abstand von ihm halten. Eine Unsitte ist, ins Mikrofon zu kriechen oder sich an ihm festzuhalten. Sprechen Sie hinter nur einem Mikrofon, können Sie sich kaum von ihm fortbewegen. Besser sind mehrere Mikrofone, in Abständen aufgestellt. Schreien Sie nicht in das Mikrofon! Wird in der freien Rede mit optischen Hilfsmitteln

gearbeitet und muß sich der Redner häufig im Raum bewegen, empfiehlt sich der Einsatz einer transportablen, drahtlosen Mikrofonanlage. Diese Anlage setzt einen Sender sowie einen Empfänger mit Lautsprechanlage voraus. Dem Redner wird ein Mikrofon angesteckt, verbunden mit einem kleinen Taschensender.

- In allen Fällen: Sprechproben, *bevor* die Hörer im Raum sind. Sie haben es bestimmt schon mal erlebt: Die Hörer sitzen bereits, und dann wird -zig Mal an das Mikrofon geklopft, ins Mikrofon gepustet oder zum achten Mal von 1 bis 6 gezählt. Für alle Beteiligten ist das nicht amüsant.

● Den Hörern etwas vortrinken?
Bedanken Sie sich, wenn man Ihnen etwas zum Trinken hingestellt hat, und dann räumen Sie die Flasche und das Glas weg. Warum? Die Hörer sind neidisch, wenn sie nichts zum Trinken haben und der Redner ihnen genüßlich etwas vorschlürft. Die Hörer gieren auch dann nach der Flasche, wenn die nur so auf dem Tisch steht und der Redner nicht trinkt. Die Hörer: "Jetzt hat der Redner schon etwas Flüssiges und nutzt nicht die Gelegenheit. Wenn ich doch bloß an dieses Glas Wasser käme. Ist das warm hier, habe ich einen Durst. Hoffentlich hört der Redner bald auf, damit ich ein Bierchen zischen kann."

● Sprechen vor Ihnen noch andere Redner: seien Sie etwas früher da, als verabredet. Melden Sie sich beim Rahmenredner. Hören Sie sich mindestens noch Ihren Vorredner an. Wenn der Rahmenredner Sie begrüßt und einführt: bleiben Sie sitzen. Dann aufstehen und ruhig nach vorn gehen. Nicht mit der ganzen Last dieser Erde auf dem Rükken vor die Hörer schleichen. In dem Moment, in dem Sie aufstehen, folgen Ihnen alle Augen. Schon in diesem Augenblick werden Sie beurteilt, schon in diesem Augenblick hat Ihre Rede begonnen. Nach dem Schluß der Rede: Manuskriptseiten ruhig zusammenfassen, dann aber rasch Tisch/Rednerpult verlassen und Platz nehmen. Erst in diesem Moment endet Ihre Rede. Nachdem Sie sich hingesetzt haben, nicht mit den Nachbarn zu tuscheln anfangen. Sollten Sie nicht der letzte Redner sein, hören Sie sich mindestens noch den nächsten an.

17.2 Reden im Freien

- Wählen Sie einen günstigen Platz. Beachten Sie die Windrichtung, sonst werden Ihre noch so interessanten Worte "vom Winde verweht". Es ist schwierig, bei der Hörerzahl eine Grenze zu ziehen – aber bei 20 bis 30 Zuhörern, die sich noch bequem um Sie scharen können, werden Sie wohl noch keine Mikrofonanlage oder ein Megaphon brauchen und noch nicht auf eine Kiste, einen Stuhl, eine Leiter oder auf einen Lastwagen klettern müssen.
- Bei größeren Zuhörerzahlen ist auf jeden Fall eine leistungsstarke Mikrofon-Lautsprecheranlage zu empfehlen. Sprechen Sie von einer erhöhten Stelle, zum Beispiel Podium. Aus akustischen Gründen ist es angebracht, wenn sich hinter Ihnen eine Wand befindet (zum Beispiel Hauswand) oder eine Rückwand aufgebaut wird.

Noch ein paar Ratschläge für die freie Rede:

- Kurz vor der Rede keine schweren Speisen essen. (Im übrigen habe ich nichts gegen ein Eisbein mit Sauerkraut). Trinken Sie sich vor der Rede keinen Mut an, sonst sprechen die Promille – nicht Sie! Schlucken Sie keine Beruhigungstabletten, sonst spricht die Chemie – nicht Sie!
- Beschäftigen Sie sich in den zwei Stunden vor Beginn nicht mehr mit Ihrer Rede. Es sei denn, Sie müssen sie quasi in letzter Minute durch ein unvorhergesehenes Ereignis umbauen. Was soll sonst passieren? Sie sind vorbereitet, die Stichworte stehen auf dem Papier und können nicht mehr ausreißen. Die ersten zwei, drei Sätze der Einleitung haben Sie auswendig gelernt. Und nun:
  - Schauen Sie die Hörer freundlich an,
  - beginnen Sie zu reden:

frei –
verständlich –
wirksam.

Dazu wünsche ich Ihnen Mut und Erfolg!
Wenn Sie mir über Ihre Erfahrungen mit der freien Rede berichten wollen, dann schreiben Sie bitte : Horst Schorkopf, Drosselweg 9, D–7031 Jettingen.

TEIL IV: ÜBUNGEN ZUM SPRECHDENKEN UND ZUR FREIEN REDE

Die 1. bis 13. Übung besteht jeweils aus zwei Teilen:
a): Üben Sie zunächst *ohne vorbereitete Stichwörter,* um das Sprechdenken zu trainieren. b): Die unter a) beschriebene Übung sollen Sie dann *mit Hilfe aufgeschriebener und gegliederter Stichworte* wiederholen.

Sie brauchen für diese Übungen mindestens einen Hörer (Partner/in, Tochter, Sohn, Kollege, Freund . . .). Nehmen Sie Ihre Übungen auf (am praktischsten ist ein Kassettenrecorder), damit Sie sich abhören können. Diese Übungen im stillen Kämmerlein durchzuführen, mit sich allein und dem Kassettenrecorder, gar noch vor einem Spiegel: davor warne ich Sie. Vor Ihnen sind keine Hörer. Dadurch fehlt Ihnen deren körpersprachliche Rückkopplung. Sie reden künstlich. Sie fangen an, zu rezitieren und zu deklamieren. Sie vergessen den Kassettenrecorder nicht. Sie werden ihn ausschalten, wenn Sie während des Redens ins Stocken geraten und ihn erst dann wieder einschalten, wenn Ihnen die "richtigen" Worte eingefallen sind. Ein Spiegel verführt schnell dazu, auch noch die "richtige" Mimik und Gestik lernen zu wollen!

1. Übung

a) Schildern Sie Ihren Lebenslauf.

b) Notieren Sie vorher Stichworte. Gliedern Sie sie. Das folgende Schema soll nur eine Hilfestellung sein:
- Name, Vorname
- Geburtstag, Alter, Geburtsort
- Familienstand, Kinder
- Schulbildung
- Beruflicher Werdegang
- Liebste Freizeitbeschäftigung(en)

2. Übung

a) Reden Sie über Ihr derzeitiges berufliches Aufgabengebiet

b) Stichworte notieren und gliedern. Was ist wesentlich, unwesentlich? Setzen Sie Schwerpunkte!

3. Übung

a) Berichten Sie über eine Veranstaltung (Konferenz, Versammlung, Vortrag . . .). Überlegen Sie, ob Sie über die Ergebnisse, über den Ablauf der Veranstaltung oder über beides (Schwerpunkte?) sprechen wollen. Keine eigene Meinung äußern. Standpunkte der Veranstaltungsteilnehmer nicht deuten und bewerten.
b) Notieren und Gliedern der Stichworte. Die folgenden Punkte sollen eine Hilfestellung sein: Tag, Ort, Art und Dauer der Veranstaltung/Zahl und Zusammensetzung der Hörer/Leitung/Tagesordnung/Ablauf, Ergebnisse.

4. Übung

a) Berichten Sie über einen Vorfall, den Sie beobachtet haben.
b) Notieren und gliedern Sie die Stichworte. (Wann, wo, zu welcher Zeit passiert? Wer war beteiligt? Wie hat sich der Vorfall abgespielt?) Achten Sie darauf, daß Sie lückenlos und wahr berichten, nichts weglassen oder hinzudichten. Objektivität schließt Anschaulichkeit und Lebendigkeit nicht aus!

5. Übung

a) Nacherzählung einer gelesenen Begebenheit. Lesen Sie ein- bis zweimal einen nicht zu langen Text. Begebenheiten finden Sie in der Tageszeitung, in Zeitschriften. Erzählen Sie diese Begebenheiten einem Hörer, der sie nicht kennt.

b) Lesen Sie den Text noch einmal. Unterstreichen Sie dabei 6 bis 8 Stichwörter. Notieren Sie die Stichwörter und reden Sie. Vergessen Sie nicht: Tätigkeitswörter sind die aussagekräftigsten und lebendigsten Wörter unserer Sprache.

6. Übung

a) Nacherzählung einer gehörten Begebenheit, eines Vorfalls. In den Magazinsendungen der Rundfunkanstalten wird häufig über Begebenheiten . . . berichtet. *Hören Sie* konzentriert und interessiert zu! Erzählen Sie die Begebenheit einer Person, die sie nicht gehört hat.
b) Hören Sie Ihre Nacherzählung vom Kassettenrecorder ab. Während des Abhörens notieren Sie sich Stichworte, dann gliedern. Ist die Handlung folgerichtig? Was geschah wo, wann, wie? Wer war an dem Geschehen beteiligt? Wie lauten die Motive der handelnden Personen? Arbeite ich den Zusammenhang zwischen Ursache und Wirkung deutlich heraus?

7. Übung

Wenn Sie mit dem konzentrierten, interessierten Zuhören Schwierigkeiten haben sollten, dann trainieren Sie. Das Zuhören zu verbessern, ist eine lebenslange Übung. Zuhören – Informationen aufnehmen und verarbeiten – ist Arbeit. Mit ihr legen Sie die Basis für Ihr nachfolgendes Reden. Um nicht von der Mimik, Gestik, Körperhaltung, dem Aussehen eines Redners abgelenkt zu werden, schlage ich Ihnen zunächst folgende Zuhörübung vor:

– Schalten Sie Ihren Kassettenrecorder ein, wenn der *Rundfunk* einen Kommentar, einen Diskussionsbeitrag oder Vortrag sendet. Hören Sie konzentriert und interessiert zu. Notieren Sie sich Stichworte während des Zuhörens. Achten Sie auf das Sprechtempo, auf die Sprechpausen, auf den Tonfall des Redners. Ist er von dem überzeugt, was er sagt? Ist er engagiert oder betrachtet er das Reden/Thema als notwendiges Übel? Sagt er das, was er meint? Was verschleiert er? Was sagt er nicht? Spricht er mehr konkret oder abstrakt? Welche Worte wählt er? Benutzt er Reizwörter, Schlagwörter? Gibt es einen roten Faden oder geht es wie Kraut und Rüben durcheinander? Fassen Sie das Ergebnis Ihrer Überlegungen kurz zusammen.

– Schalten Sie Ihren Kassetten- oder Videorecorder ein, wenn das *Fernsehen* Kommentare, Diskussionen oder andere Kurzbeiträge sendet. Achten Sie neben der Sprechleistung des Redners noch auf seine Körpersprache. Notieren Sie sich Stichworte, und fassen Sie das Gehörte und Gesehene kurz zusammen.

8. Übung

a) Beschreiben Sie einem Hörer die Zubereitung eines bestimmten Gerichtes. Vergessen Sie keine Zutaten, und achten Sie auf die zeitliche Reihenfolge des Zubereitens.

b) Nehmen Sie ein Kochbuch. Wählen Sie ein Gericht. Darunter finden Sie das Rezept. Dieses Rezept ist Ihr Stichwortzettel. Reden Sie langsam, wiederholen Sie, damit der Hörer das Rezept versteht und mitschreiben kann. Sollten Sie kein Kochbuch besitzen, hier ein Rezept (aus: *Stuber*, Maria Hedwig: Ich helf dir kochen. 20. Aufl. München 1972, S. 225):
Sellerie gedünstet: 2–3 Sellerieknollen, Salz, Zitronensaft, 3 Eßl. Mehl, 50 g Butter, 1/2 Tasse saure Sahne, 1 Teel. Zwiebel, 1/4 l Brühe.
Sellerie waschen, schälen, halbieren, in 1/2 cm dicke Scheiben schneiden · Selleriescheiben salzen, mit Zitronensaft beträufeln, durchziehen lassen · Die Scheiben in Mehl wenden, in heißem Fett auf beiden Seiten anbraten · Zwiebel etwas mitbräunen, die Sahne zugeben und ebenfalls mitbräunen lassen, wenig Brühe aufgießen · zugedeckt bei kleinem Feuer an der Herdseite weichdünsten. Garzeit etwa 15–20 Minuten.

9. Übung

a) Sprechen Sie einen Kommentar. Nehmen Sie auf Ihrem Kassettenrecorder eine Nachrichtensendung auf. Hören Sie sie noch einmal ab. Danach sagen Sie zu einer Nachricht sofort Ihre Meinung. Hören Sie den Kommentar nicht ab. Lassen Sie einige Tage vergehen. Dann sagen Sie nochmals Ihre Meinung zu der betreffenden Nachricht. Hören Sie die beiden Aufzeichnungen ab und stellen Sie fest, ob sich Ihre Meinungen verändert haben. Wenn ja: wie?
b) Dieselbe Übung mit folgender Variante: Nachdem einige Tage vergangen sind, notieren Sie sich zu dieser Nachricht einige Stichworte und sprechen Ihren Kommentar. Vergleichen Sie die Bandaufzeichnungen.

10. Übung

a) Beschreiben Sie eine Person, die Ihnen sympathisch, unsympathisch oder gleichgültig ist.

b) Notieren und gliedern Sie Stichworte. Reden Sie. Vergleichen Sie danach Ihre Kassettenaufnahmen.

11. Übung

a) Beschreiben Sie ein Bild. Äußern Sie neben den sachlichen Informationen (Größe, Material . . .) auch Ihre Meinung, Ihre Gefühle. Reden Sie so anschaulich und lebendig, daß der Hörer das Bild "sieht".

b) Notieren Sie Stichworte. Überlegen Sie bei der Gliederung, ob Sie von den Einzelheiten ausgehend den Gesamteindruck oder vom Gesamteindruck ausgehend die Einzelheiten beschreiben wollen.

12. Übung

Lesen Sie bitte den folgenden Text:
Es war an einem Freitag, gegen 19.30 Uhr. Ich wollte mir noch ein bißchen die Füße vertreten und etwas Luft schnappen. Gesagt, getan. Schuhe, Mantel an, raus aus der Wohnung. Die Haustür fiel hinter mir ins Schloß, als plötzlich . . .

a) . . .was geschah? Lassen Sie Ihrer Phantasie freien Lauf. Erzählen Sie, wie die Geschichte weitergehen könnte.

b) . . .was geschah? Lassen Sie Ihrer Phantasie freien Lauf. Schreiben Sie, was Ihnen einfällt, in Stichworten auf. Dann erzählen Sie, wie die Geschichte weitergegangen ist.

13. Übung

Versetzen Sie sich bitte in folgende Situation: Sie fahren mit der Bundesbahn, von X nach Z, müssen in Y umsteigen. Dort verpassen Sie den Anschlußzug, eine Stunde Aufenthalt. Sie gehen in den Wartesaal.

a) Nehmen Sie an, Sie seien Reporter. Machen Sie eine Reportage. Berichten Sie, was Sie und wen Sie sehen. Beobachten Sie die Leute. Denken Sie sich etwas aus: Woher kommen diese Menschen, wohin wollen sie, was mag sie bewegen?

b) Da ein Reporter während des Geschehens vom Geschehen berichtet, hat er keine Möglichkeit, Stichworte zu notieren. Deshalb entfällt die Übung b)!

14. Übung

Wenn Sie im Fernsehen einen Kinofilm, einen Krimi oder ein Fernsehspiel sehen, schalten Sie den Ton ab. Sie sehen jetzt einen “Stummfilm”. Nehmen Sie an, daß das, was Sie sehen, Wirklichkeit wäre und unmittelbar geschähe. Schalten Sie Ihren Kassettenrecorder ein und berichten Sie als Reporter drei Minuten lang vom Geschehen. Reden Sie so lebendig und interessant, daß andere Personen, die den Film nicht gesehen haben, sich auf Grund Ihrer Reportage ein Bild vom Geschehen machen können. Besitzen Sie einen Videorecorder, so können Sie die dreiminütige Filmpassage auch noch aufnehmen. Lassen Sie diesen Ausschnitt und die Tonbandaufnahme später gleichzeitig ablaufen. Vergleichen Sie Ihre Reportage mit der Handlung im Film.

Wenn Sie über das Üben und dem Praktizieren der freien Rede hinaus die Einsichtsfähigkeit in Ihr Verhalten verbessern, Ihre Beziehungen zu anderen Menschen anders gestalten wollen, um damit überwiegend solche Verhaltensweisen und Erlebnisformen zu entwickeln, die sowohl Ihren Bedürfnissen und Wünschen, als auch denen der Mitmenschen entsprechen, dann empfehle ich Ihnen noch einmal die auf Seite 40 angegebene Literatur.

"Wer rastet, der rostet", so heißt es. Um nicht zu rosten, betreiben viele Menschen Sport, Gymnastik. Prima! Gilt dieses Sprichwort nicht auch für das Denken? Dann auf – ein paar Denksportübungen, um fit zu bleiben. Sie können mündlich (Kassettenrecorder) oder schriftlich arbeiten.

15. Übung

Finden Sie zu jedem folgenden Wort mindestens 10 sinnverwandte Wörter (Synonyme):

1. Ausstellung
2. bearbeiten
3. dicht
4. entschädigen
5. Freude
6. gehen
7. hart
8. jung
9. klar
10. lieben
11. Meinung
12. naß
13. ordnen
14. pflegen
15. reden
16. schicken
17. schreiben
18. teilnehmen

16. Übung

Finden Sie zu jedem folgenden Wort das entgegengesetzte Wort (Antonym).

1. heiß
2. rechts
3. Trauer
4. hoch
5. teuer
6. Verlust
7. Alter
8. sauer
9. Tod
10. schweigen
11. müde
12. senkrecht
13. Tag
14. Frau

17. Übung

Trainieren läßt sich auch mit einem Bildwörterbuch. In ihm sind aus vielen Lebens- und Fachbereichen Bildtafeln den dazugehörigen Wortlisten gegenübergestellt. Decken Sie die Wortlisten ab, zeigen Sie auf die Gegenstände und deren Teile, und nennen Sie die entsprechenden Wörter.

18. Übung

Nennen Sie zu jedem folgenden Wort mindestens zwei Bedeutungen, die das Wort hat:

1. Kette
2. Kessel
3. Zone
4. Bad
5. Magazin
6. Schuld
7. Bock
8. Blatt
9. Kuckuck
10. Fuß
11. Haken
12. Zoll
13. Tor
14. Bahn

19. Übung

Ersetzen Sie die folgenden Umschreibungen durch jeweils ein Wort:

1. befestigte Anlegestelle für Schiffe am Ufer
2. von Zäunen oder Hecken eingeschlossene Weide
3. Gerät zum Trocknen der Haare
4. Gestell für Bücher oder Waren
5. Gegenstände, die während einer Aufführung auf einer Bühne zu sehen sind
6. besonders gekennzeichneter Gegenstand, mit dessen Hilfe eine Entscheidung durch Zufall herbeigeführt wird.
7. ein Gerät zum Messen der Wärme
8. stark ausgeprägtes Streben nach Erfolg
9. durch Stoß oder Schlag entstandene Schwellung der Haut
10. aus Metall hergestelltes Geld
11. aus verschiedenen Mineralien bestehendes, zum Schleifen und Polieren verwendetes Material
12. kunstvolle, aus Gips, Sand und Kalk geformte Verzierung an Wänden und Decken

20. Übung

Neben den Ordnungszahlen 1. bis 12. stehen jeweils drei Wörter. Nennen Sie den Oberbegriff. Beispiel: Mütze, Kappe, Hut: Kopfbedeckung (mit dem Begriff "Kleidungsstück" hätten Sie zu hoch gegriffen).

1. Hafer, Gerste, Weizen
2. Rotkäppchen, Hans guck in die Luft, Tapferes Schneiderlein
3. Buche, Ahorn, Linde
4. Redner, Rede, Hörer
5. Whisky, Cognac, Gin
6. Herz, Lunge, Niere
7. Jackett, Weste, Hose
8. Stuhl, Hocker, Sessel
9. Gabel, Messer, Löffel

10. Schwester, Arzt, Pfleger
11. Riesling, Trollinger, Burgunder
12. Armband, Brosche, Ring

21. Übung

Suchen Sie zu den folgenden Wörtern je zwei nebengeordnete Wörter, und finden Sie dann zu diesen drei Wörtern den Oberbegriff. Beispiel: Bleistift/Kugelschreiber, Füllfederhalter: Schreibgeräte

1. Geige,
2. Rose,
3. Fichte,
4. Limonade,
5. Beethoven,
6. Goethe,
7. Pistole,
8. Kühlschrank,
9. Butter,
10. Apfel,

22. Übung

Suchen Sie zu den folgenden Oberbegriffen je zwei untergeordnete Wörter. Beispiel: Familie / Kinder, Mutter, Vater.

1. Handwerkzeug:
2. Medien:
3. Literatur:
4. rhetorische Figuren:
5. Zahlungsmittel:
6. Nagetiere:
7. Holzblasinstrumente:
8. Mineralien:
9. Fleischwaren:
10. Luftfahrzeuge:

23. Übung

Suchen Sie für jede Reihe ein Wort, das mit dem ersten Wort vorn und mit dem zweiten Wort hinten ein neues Wort ergibt.

Beispiel: Pferde	(Koppel)	Schloß	
1. Ferien	Brunnen	6. Pflanzen	Auge
2. Witwen	Treter	7. Berg	Schuhe
3. Laut	Mehl	8. Holz	Bett
4. Tanz	Geld	9. Chor	Fest
5. Theater	Änderung	10. Sprach	Bruch

24. Übung

Lösen Sie Kreuzworträtsel? Wenn ja: Bleiben Sie dabei! Wenn nein: Probieren Sie es! Sie müssen ja nicht jeden Tag eines lösen. Auf jeden Fall – es übt!

25. Übung

Spielen Sie "SCRABBLE"? Wenn ja: Spielen Sie weiter! Wenn nein: Kaufen Sie dieses Spiel. Ich verspreche Ihnen: Es macht Spaß und aktiviert – so ganz nebenbei – Ihren Wortschatz.

26. Übung

Definieren Sie die folgenden konkreten Begriffe. Was ist

1. eine Uhr?	5. eine Blume?
2. eine Schule?	6. ein Koffer?
3. ein Schornstein?	7. ein Buch?
4. eine Zeitung?	8. eine Brille?

27. Übung

Definieren Sie die folgenden abstrakten Begriffe. Was ist

1. Fluktuation?	5. Demokratie?
2. Homöopathie?	6. Theologie?
3. Sozialprodukt?	7. Komplikation?
4. Pazifismus?	8. Transplantation?

Vergleichen Sie Ihre Definitionen mit denen, die in Wörterbüchern stehen.

28. Übung

Definieren Sie immer wieder die Fachbegriffe aus Ihrem beruflichen Bereich. Wie würden Sie sie a) gegenüber Fachleuten, b) gegenüber Laien definieren?

Wenn Sie das logische Denken weiter trainieren wollen, empfehle ich Ihnen die auf Seite 119 angegebene Literatur.

29. Übung

Suchen Sie bei anderen Menschen, die einem Redner antworten, Beispiele für selektives, projizierendes und interpretierendes Verstehen.

30. Übung

Verändern Sie zum Erreichen eines Redeziels die Reihung der Argumente (siehe Seite 103). Beobachten Sie den Anfangseffekt und die unterschiedlichen Wirkungen, die sich durch andere Reihungen ergeben.

31. Übung

Versuchen Sie zu *einer* Meinung folgende Argumentationen (siehe Seite 101):

- einseitig pro (positiv, bejahend)
- zweiseitig, in der Folge pro. . .–contra. . .(negativ, verneinend)
- einseitig contra
- zweiseitig, in der Folge contra. . .–pro. . .

Kontrollieren Sie die unterschiedlichen Wirkungen auf den/die Hörer.

32. Übung

Nehmen Sie an, Sie wollen oder müssen in der nächsten Zeit eine Überzeugungsrede halten. Überlegen Sie sich ein Thema. Was ist Ihr Redeziel? Zu wem reden Sie? Redezeit? Sammeln Sie Redestoff! Aufbau und Gliederung der Rede. Schreiben Sie das Stichwortmanuskript im Format DIN A 4-quer. Reden Sie!

33. Übung

Nehmen Sie an, Sie wollen oder müssen in der nächsten Zeit eine Informationsrede halten. Überlegen Sie sich ein Thema und . . . siehe 32. Übung.

34. Übung

Nehmen Sie an, Sie wollen oder müssen im Laufe eines Jahres die auf den Seiten 160 bis 162 beschriebenen Gelegenheitsreden halten. Bereiten Sie diese Reden nach den fünf Phasen vor. Reden Sie: frei, verständlich, wirksam.

ANHANG
QUELLENVERZEICHNIS

(1) *Ende,* Michael: Die unendliche Geschichte. Stuttgart 1979, S. 26.

(2) *Kirchner,* Ernst Ludwig: Brief vom 29.12.1934 an Erwin Friedrich Baumann. In: DER SPIEGEL, Nr. 19/1980, S. 245.

(3) *Frank-Böhringer,* Brigitte: Rhetorische Kommunikation. Quickborn 1963, Titel.

(4) Vgl. *Frank-Böhringer,* Brigitte: a.a.O., S. 9.

(5) *Geißner,* Hellmut: Anpassung oder Aufklärung. Zur Theorie der rhetorischen Kommunikation. In: Rhetorik. bsv Studienmaterial. 4. Aufl. München 1978, S. 14.

(6) *Geißner,* Hellmut: Das handlungstheoretische Interesse an Rhetorik oder: das rhetorische Interesse an gesellschaftlichem Handeln. In: *Plett,* Heinrich F. (Hrsg.): Rhetorik. Kritische Positionen zum Stand der Forschung. München 1977, S. 230–251.

(7) *Mucchielli,* Roger: Kommunikation und Kommunikationsnetze. Salzburg 1974, S. 9.

(8) *Rubinstein,* S.L.: Grundlagen der allgemeinen Psychologie. 9. Aufl. Berlin 1977, S. 508.

(9) *Rubinstein,* S.L.: a.a.O., S. 513.

(10) *Aristoteles:* Rhetorik. München 1980, S. 20f.

(11) *Geißner,* Hellmut: Argumentierendes Sprechdenken im Fünfsatz. In: Rhetorik. bsv Studienmaterial. 4. Aufl. München 1978, S. 121.

(12) *Rubinstein,* S.L.: a.a.O., S. 522f.

(13) *Kleist,* Heinrich von: Sämtliche Werke und Briefe. (Hrsg.): *Sembdner,* Helmut; Bd. 2, 6. Aufl. München 1977, S. 319–324.

(14) Vgl. *Drach,* Erich: Die redenden Künste. Leipzig 1926, S. 21–23.

(15) *Busch,* Wilhelm: Sämtliche Werke und eine Auswahl der Skizzen und Gemälde in zwei Bänden. (Hrsg.): *Hochhuth,* Rolf; ohne Erscheinungsort und -jahr. Bd. 2, S. 499.

(16) *Verwaltung des Deutschen Bundestages* (Hrsg.): Geschäftsordnung des Deutschen Bundestages in der Fassung der Bekanntmachung vom 2. Juli 1980. Oktober 1980, S. 31.
(17) *Brustgi,* Franz Georg (Hrsg.): Friedrich Theodor *Vischer* – Eine Auswahl aus seinem Gesamtwerk und den Briefen. Stuttgart 1976, S. 108.
(18) *Drach,* Erich: a.a.O., S. 118f.
(19) Vgl. *Niepold,* Wulf: Sprache und soziale Schicht. Berlin 1970, S. 14f.
(20) Vgl. *Wunderlich,* Dieter: Die Rolle der Pragmatik in der Linguistik. In: Der Deutschunterricht (22), 1970, S. 5–41.
(21) Vgl. *Oevermann,* Ulrich: Sprache und soziale Herkunft. 4. Aufl. Frankfurt am Main 1977, S. 73ff.
(22) *Kirchner,* Baldur: Sprechen vor Gruppen. Analytische Betrachtungen zur freien Rede. Stuttgart 1980, S. 116.
(23) *Lay,* Rupert: Dialektik für Manager. München 1974, S. 34.
(24) DER GROSSE BROCKHAUS in zwölf Bänden. 18. Aufl. Bd.10, Wiesbaden 1980, S. 519.
(25) *Teigeler,* Peter: In: *Geißner,* Hellmut: Rhetorik. bsv Studienmaterial. 4. Aufl. München 1978, S. 90.
(26) *Lay,* Rupert: a.a.O., S. 25.
(27) *Mucchielli,* Roger: a.a.O., S. 8.
(28) Vgl. *Festinger,* Leon: Theorie der kognitiven Dissonanz. (Hrsg.): *Irle,* Martin / *Möntmann,* Volker; Bern, Stuttgart, Wien 1978.
(29) *Drever,* James /*Fröhlich,* Werner D.: dtv-Wörterbuch zur Psychologie. 8. Aufl. München 1974, S. 82.
(30) *Morgenstern,* Christian: Gesammelte Werke in einem Band. 14. Aufl. München 1981, S. 262f.
(31) *Kreiszeitung Herrenberger Nachrichten.* Nr. 33/1982.
(32) *Vischer,* Friedrich Theodor: Sprache. In: Lyrische Gänge. 5. Aufl. Stuttgart u. Berlin 1909, S. 176.
(33) *Schneider,* Wolf: Wörter machen Leute. München 1976, S. 416.
(34) *Birkenhauer,* Klaus: Schreib Training. Stuttgart 1972, S. 57.

(35) *Schneider,* Wolf: DEUTSCH FÜR PROFIS. Hamburg 1982, S. 67.
(36) *Reiners,* Ludwig: Stilfibel. 15. Aufl. München 1977, S. 86.
(37) *Reiners,* Ludwig: a.a.O., S. 85f.
(38) *Schneider,* Wolf: a.a.O., S. 52.
(39) *Reiners,* Ludwig: a.a.O., S. 87.
(40) *Hallwass,* Edith: Mehr Erfolg mit gutem Deutsch. 2. Aufl. Stuttgart 1978, S. 434.
(41) *Goethe's* sämmtliche Werke in vierzig Bänden. Stuttgart u. Tübingen 1853, Bd. 3, S. 44.
(42) DER SPIEGEL, Nr. 14/1977, S. 238.
(43) *Cicero:* Gespräche in Tusculum. Stuttgart 1980, S. 65.
(44) *Haber,* Heinz: Kein Unfall im Weltall. In: Welt am Sonntag Magazin. Nr. 48/1981, S. 13.
(45) *Schopenhauer,* Arthur: Sämtliche Werke. Parerga und Paralipomena. Kapitel: Über Schriftstellerei und Stil. Bd. 2, 3. Aufl. Wiesbaden 1972, S. 581.
(46) *Tucholsky,* Kurt: Gesammelte Werke in 10 Bänden. Band 8, Reinbek bei Hamburg 1975, S. 291.
(47) *Tucholsky,* Kurt: a.a.O., S. 292.
(48) *Schneider,* Wolf: a.a.O., S. 88.
(49) Anzeige in: ADAC motorwelt. Nr. 9/1982, S. 51.
(50) *Schneider,* Wolf: a.a.O., S. 133.
(51) DER SPIEGEL, Nr. 23/1982, S. 226.
(52) *Lay,* Rupert: a.a.O., S. 46.
(53) *Greiffenhagen,* Martin (Hrsg.): Kampf um Wörter? München/Wien 1980, S. 12f.
(54) *Lay,* Rupert: a.a.O., S. 50.
(55) *Teigeler,* Peter: a.a.O., S. 98.
(56) *Leonhardt,* Rudolf Walter: Das kleine Ich. In: DIE ZEIT, Nr. 7/1982.
(57) DER SPIEGEL, Nr. 42/1981, S. 306.
(58) *Stangl,* Anton: Die Sprache des Körpers. Düsseldorf und Wien 1977, S. 13.
(59) *Sternberger,* Dolf/ *Storz,* Gerhard/ *Süskind,* W.E.: Aus dem Wörterbuch des Unmenschen. München 1962, S. 133.

(60) Vgl. *Kirchner,* Baldur: a.a.O., S. 61.
(61) *Birkenbihl,* Vera F.: Signale des Körpers und was sie aussagen. München 1979, S. 72.
(62) Vgl. *Hall,* Edward T.: Die Sprache des Raumes. Düsseldorf 1976, S. 118–133.
(63) *Birkenbihl,* Vera F.: a.a.O., S. 140.
(64) *Birkenbihl,* Vera F.: a.a.O., S. 153.
(65) Vgl. *Juvenal:* Satiren. Stuttgart 1978, S. 107.
(66) DER SPIEGEL, Nr. 32/1981, S. 16.
(67) *Stötzer,* Ursula: In: *Geißner,* Hellmut:Rhetorik. bsv Studienmaterial. 4. Aufl. München 1978, S. 31.
(68) Vgl. *Stötzer,* Ursula: a.a.O., S. 31f.
(69) *Rubinstein,* S.L.: a.a.O., S. 516.
(70) *Tucholsky,* Kurt: a.a.O., S. 292.
(71) Briefwechsel zwischen Schiller und Goethe in den Jahren 1794 bis 1805. Bd. 2 (1798 bis 1805), Stuttgart/Berlin/Leipzig, ohne Jahresangabe, S. 77.
(72) *Hirsch,* Eike Christian: Deutsch für Besserwisser. 4. Aufl. Hamburg 1979, S. 65.
(73) *Weigel,* Hans: Die Leiden der jungen Wörter. 3. Aufl. Zürich u. München 1974, S. 39f.
(74) *Lemmermann,* Heinz: Lehrbuch der Rhetorik. Goldmanns Gelbe Taschenbücher, Bd. 1443, München, S. 100f.
(75) *Zentner,* Karl: Von Leuten, die Geschichte(n) machten. Bergisch Gladbach 1977.
(76) *Cicero:* Über den Redner. 2. Aufl. Stuttgart 1981, S. 109.
(77) *Statistisches Bundesamt Wiesbaden,* Zahl veröffentlicht in: *Das Sichere Haus,* München, Nr. 4/1982, S. 3.
(78) *stern magazin,* Nr. 44/1982, S. 70.
(79) *Stötzer,* Ursula: a.a.O., S. 34.
(80) *Platon:* Meisterdialoge – Phaidon. Symposion. Phaidros. Zürich 1958, S. 247.
(81) *Tucholsky,* Kurt: a.a.O., S. 292.
(82) *Freud,* Sigmund: Zur Psychopathologie des Alltagslebens. 8. Aufl. Leipzig, Wien, Zürich 1922, S. 67.

Begriff-, Namen- und Sachregister

In diesem Register sind nur die Begriffe definiert, die im Buchtext erscheinen, dort aber nicht beschrieben wurden. Die Definitionen habe ich aus dem „DUDEN. Das große Wörterbuch der deutschen Sprache in sechs Bänden. Mannheim 1976–1981" übernommen und zum Teil geändert. Die Angabe der Seitenzahlen fehlt, weil die Begriffe im DUDEN alphabetisch geordnet und deshalb leicht zu finden sind.

A
ablesen 23 f.
Absicht(en) 17, 20 f., 44, 48, 56, 63
Adenauer, Konrad 70
Adjektiv(e) 47, 80
Adressat 18
Adverbien 48
Agitation/Agitator 14
(lat. agitatio = das In-Bewegung-Setzen): a) (abwertend) aggressive Tätigkeit zur Beeinflussung anderer, vor allem in politischer Hinsicht; b) politische Aufklärungstätigkeit. Agitator (lat. agitator = Treiber): Person, die Agitation betreibt.
Aktiv, das 75, 79
Alleinrede 18
Anapher 85
Anekdote 177
Anglizismus 82
(Sprachwissenschaft): Übertragung einer für das britische Englisch charakteristischen sprachlichen Erscheinung auf eine nichtenglische Sprache.
Angst
Erwartungs– 38
soziale – 26 ff.
– vorm freien Reden 26 ff.
Anlagen, rednerische 6
Anlaufwendungen 78
Annäherungsverhalten 33 ff.
Anrede
die – 172 f.
Sie–, du–, wir– 115 ff.
Anschaulichkeit 147 f.
Anthropologie 120
Wissenschaft vom Menschen und seiner Entwicklung in natur- und geisteswissenschaftlicher Hinsicht.
Antike, Redner u. Rede in der – 13 f.
Antithese 184
Antrieb 104 f.
Appell 185
Appellfunktion, der Rede 157
Argumentation
die – 97 ff.
einseitige u. zweiseitige – 101 ff.
Nutzen– 106 ff.
Argumente
Contra– 101 ff.
Pro– 101 ff.
Reihung der – 103
Aristoteles 13, 98 f.
Artikulation 62

Aufhänger, Einleitung 176 ff.
Ausdrucksfunktion,
der Rede 157
Aussprache 64
Atemtechnik 64
Atmung 62

B
Bandwurmsätze 88
Bedeutung unterschiedliche
Wort– 54 f.
Bedingungssätze 77
Bedürfnis 104 f.
Beeinflussung 14, 16
Befehle 48
Befehlsform 75
Befindlichkeit,
des Redners 19, 63
Begründung(en) 48, 117
Begriff(e)
Definition abstrakter u.
konkreter – 94 ff.
Beispiel, das 85
Belohnung 33
Bernstein, Basil 44 f.
Betonung 62 ff.
Beweggrund 104
Beweis
Analogie– 101
Autoritäts– 101
Wahrheits– 98 ff.
Wahrscheinlichkeits– 100 f.
Beweisführung 97 ff.
Beziehungen
öffentliche Ebene der – 41
private Ebene der – 42
– zwischen Redner u.
Hörern 41 ff.
Bild(er) 147 ff.
Bildungsniveau, der Hörer 45 f.
Bindewörter 47
Birdswhistell, R.L. 120
Birkenbihl, Vera F. 137, 143
Birkenhauer, Klaus 70
Blickkontakt 121, 122 f.
Bodenhaftung,
der Füße 137 f., 209
Brandt, Willy 191, 196

C
Campe, Joachim Heinrich 81
Chart, Flip– 150 f.
Checkliste zur Vorbereitung
der freien Rede 197
Cicero 13, 177
code 44 f.
Code
elaborierter – 45 ff.
restringierter – 45 ff.
codieren 16
Contraargumente 101 ff.
Corporated Identity 51
Crassus 177 f.

D
Darstellungsfunktion,
der Rede 157
Debattenrede 201
decodieren 17
deduktive Methode,
Deduktion 98 f.
definieren 93 ff.
Definition(en)
– der freien Rede 24
– der Rhetorik 24
die – 93 ff.
Definitionsregeln 95
Demagoge 14 f.
Demonstration
– als Einleitungsart 180
Unterstützung der freien
Rede durch – 147 ff.
Demosthenes 13
Denotation 54

denotativ 54
DER SPIEGEL 66
Dialekt 66 ff.
Dialog 18, 87
Dialogismus 87
Diaprojektor 154 f.
DIE WELT 66
Diskussion 87, 203 f.
Diskussionsrede 201
Dissonanz, kognitive 56 ff.
Distanzzonen 141 ff.
Dozent 18, 159
Drach, Erich 22 f.
Dreiteilung, der Rede 171

E

Ebenen, soziale Angst 28 ff.
Eigenschaftswörter 47, 80
Eigentraining 6, 214 ff.
Einleitungsarten, der Rede 171 f., 173 ff.
Einschätzung, Beziehungen zw. Redner u. Hörern 19, 41 ff., 63
einseitige Argumentation 101 f.
elaborierter Code 45 ff.
Elstner, Frank 180
Empfänger 16 ff.
Ende, Michael 6
entschlüsseln 17
Epidiaskop 154
Episkop 154
Erfahrungshorizont 93
Erwartungsangst 38
Erwartungshorizont 93
Ethik 93
(bildungssprachlich): die Gesamtheit sittlicher Normen und Maximen, die einer (verantwortungsbewußten) Einstellung zugrunde liegen.

F

Fachausdrücke 80 f.
Fachbegriffe 7, 80 f.
Fachchinesisch 80 f.
feed back 18
Festinger, Leon 56
Figuren, rhetorische 83 ff.
Flip-Chart 150 f.
Floskeln 78 f., 172 ff.
Folgerung(en)
Schluß– 48, 98, 185
Folie(n) 151 ff.
Folienrolle 151 ff.
Frage(n)
Bestätigungs– 110
öffnende – 110
rhetorische – 86 f.
– während der freien Rede 201 f.
freie Rede
Checkliste zur Vorbereitung der – 197
Definition der – 24
Unterstützung durch optische Hilfsmittel 147 ff.
Vorbereitung der – 164 ff.
Zur Verständlichkeit u. Wirksamkeit der – 41 ff.
Fremdwörter 7, 81 f.
Freud, Sigmund 199
Freudsche Fehlleistung 199 f.
Fürwörter 47
Futur, I und II (Zukunft) 75

G

Gegenstand, der Rede 19, 63, 165
Gegenwart (Präsens) 75
gehen, vor den Hörern 141 f.
Gelegenheitsrede 157, 159 ff.
Auszeichnung nach Wettbewerb 161

Begrüßung von Gästen 160
Betriebsfest 161
Einführung eines neuen Mitarbeiters 160 f.
Einweihung, Richtfest 161
Familienfeier 162
Jubiläum (Gedenkrede) 162
Pensionierung 161
Rahmenrede 160
gesellschaftliche Zone 143 f.
Gespräch 18
Geste(n) 16 f., 145 f.
Gestik 18, 121, 124, 145 f.
Glaubwürdigkeit 59, 97
Gleichnis 84
Goethe 111, 170
Gorgias 13
Gottsched, Johann Christoph 73
Gruppen, soziale 44 ff.

H
Haber, Heinz 85
Hall, Edward T. 142
Hammerstil 90
Hauptsätze 89 ff.
Hauptteil, der Rede 182 ff.
Hauptwörter
–krankheit 74
–seuche 73 f.
–stil 74
Hauptwörterei 73 f.
Hauptwort
abstraktes – 73
konkretes – 73
Hilfsmittel, optische 147 ff.
Hochsprache 66 ff.
Hypotaxe 47

I
Ideologie 53
a) an eine soziale Gruppe, eine Kultur o.ä. gebundenes System von Weltanschauungen, Grundeinstellungen u. Wertungen.
b) weltanschauliche Konzeption, in der Ideen der Erreichung politischer u. wirtschaftlicher Ziele dienen.
Imperativ 75
Imperfekt 75
Indikativ 75
indirekte Rede 76
induktive Methode, Induktion 99 f.
Informationen 6, 16
Informationsrede 157, 158 f.
Intention(en) 17, 20 f., 44, 48 56, 63
Interferenz, Schwebungs– 56
Interferenz (bildungssprachlich): Überlagerung, Überschneidung
interpretierendes Verstehen 55 f.
Intimzone 143
intonieren 19
Intonation (Sprachwissenschaft): Veränderung des Tones nach Höhe u. Stärke beim Sprechen.
Irrealis 77

J
Jargon, Gassen– 53
Jargon ist die Sondersprache einer sozialen Gruppe.
Juvenal 148

K
Karajan, Herbert von 101
Karteikarten 170
Kassettenrecorder 51, 214 ff.

Klangfärbung 68 ff.
Kleist, Heinrich von 21 f.
Kinesik 120
Kirchner, Baldur 123
Körperhaltung
geschlossene – 131 ff., 136
offene – 123 ff., 134 f.
– und Blickkontakt 121 ff.
Körpersprache 48, 120 ff.
kognitive Dissonanz 56 ff.
Kommunikation
direkte, menschliche – 16
Rede im Rahmen der – 16 ff.
Rhetorik und – 13 ff.
rhetorische – 15
Kommunikationsprozeß 16 ff.
Kompromiß 184
Konjunktionen 47
Konjunktiv 75 ff.
Konnotation 54
konnotativ 54
Kontext 56
(lat. contextus = enge Verknüpfung, Zusammenhang): (Sprachwissenschaft) a) der umgebende Text einer gesprochenen oder geschriebenen sprachlichen Einheit; b) (relativ selbständiges) Text- oder Redestück; c) der umgebende inhaltliche (Gedanken-, Sinn) zusammenhang, in dem eine Äußerung steht, und der Sach- und Situationszusammenhang, aus dem heraus sie verstanden werden muß.
Kreiszeitung Herrenberger Nachrichten 66

L
Lautstärke 63
Leideform 47, 75, 79
Leonhardt, Rudolf Walter 117
Lernen, soziales 31
Leser 24
Lichtbildervortrag 154 f.
Linguistik 44
Eine von dem Schweizer Sprachwissenschaftler F. de Saussure (1857–1913) eingeführte Bezeichnung für die moderne Sprachwissenschaft.
Logik 97
Lowen, A. 137

M
Manipulation 15
Manuskript
Formate 187 ff.
Stichwort– 187 ff.
wörtliches – 6, 24, 191 ff.
mental 15
(mlat. mentalis = geistig, vorgestellt; zu lat. mens = Geist, Vernunft): den Bereich des Verstandes betreffend, zum Denken gehörend; geistig.
Merkmal(e) 112 ff.
Metapher 83
Metonymie 83 f.
Mikrofon 26, 210 ff.
Mimik 17 f., 120
Mißverständnis, Mißverstehen 17, 51, 56
Mittelstand, Mittelschicht 45 f.
Möglichkeitsform 75 ff.
Monolog 18, 87, 201
Morgenstern, Christian 57
Motiv(e) 19, 59, 104 ff.
Motivansprache 106 ff.
Motivation 104, 106

Motivbestätigung 117
Motivbündel 105
Motivfestigung 117
Motivkonflikt 105
Musterreden 160

N
Nachricht(en) 16
Niepold, Wulf 47
nominale Satzanfänge 74
Nominalstil 74
Nowottny, Friedrich 194, 196

O
Oberschicht 45
öffentliche Zone 143 f.
Oevermann, Ulrich 47
optische Hilfsmittel 147 ff.
Overhead-Projektor 151 ff.

P
Passiv, das 47, 75, 79
Pausen
  –füller 65
  Sprech– 63 ff.
  –technik 62 ff.
Perfekt 75
Periode 22
(von griech. periodos = abgerundet gebauter Satz)
persönliche Zone 143
Persuasion 15
  (lat. persuasio, zu: persuadere = überreden): Überredung(skunst); persuasiv: zum Überreden geeignet, der Überredung dienend.
Phaidros 185
Phrasendrescher 6
Piaget, Jean 147
Plusquamperfekt 75
Prämissen 98 f.
Präpositionen 47
Präsens 75
Proargumente 101 ff.
Projektor
  Dia– 154 f.
  Tageslicht–(Overhead–) 151 ff.
projizierendes Verstehen 55
Proklamation 64
  (spätlat. proclamatio = das Ausrufen, zu lat. proclamare); bildungssprachlich: (amtliche) Erklärung, öffentliche Bekanntgabe, feierliche Verkündigung.
Pronomen 47
Propaganda/Propagandist 14
  [zu lat. propagare = (weiter) ausbreiten]: 1. Systematische Verbreitung politischer, weltanschaulicher o.ä. Ideen u. Meinungen mit massiven (publizistischen) Mitteln mit dem Ziel, das allgemeine (politische) Bewußtsein in bestimmter Weise zu beeinflussen. 2. (bes. Wirtschaft) Werbung, Reklame.
  Propagandist: Jemand, der Propaganda treibt.
Provokation, bewußte 180 f.
Pult
  Redner– 205 ff.
  Tisch– 206 f.

Q
Quintilian 14, 175

R
Raum, Reden im 205 ff.

Rede
–angst 26 ff.
Appellfunktion der – 157
Ausdrucksfunktion der – 157
Darstellungsfunktion der – 157
Definition der freien – 24
Einleitung der – 171 ff.
–figuren 83 ff.
Gedenk– 162
gelegenheits– 157, 159 ff.
Gegenstand der – 19, 165 f.
Hauptteil der – 182 ff.
– im Freien 212
– in Räumen 205 ff.
Informations– 157, 158 f.
Muster– 160
– u. organisatorische Tips 205 ff.
Rahmen– 160
Schein–freie– 24
Schluß der – 184 ff.
Stegreif– 157, 162 f.
Stichwortmanuskript 187 ff.
–stoff 169 ff.
Trauer– 161 f.
Überzeugungs– 157, 158
– und äußerer Rahmen 205 ff.
–zeit 165, 167 ff.
–zeitpunkt 20
–ziel 19 f., 165 ff.
Zwischenrufe(r) während der – 201 ff.
Redearten 157 ff.
Redekunst, Antike 13
reden, sitzend/stehend 138 ff.
Redenschwinger 6
Redesituation 18, 44
Redner
Beziehungen zwischen – u. Hörern 41 ff.
der – 18 f.
nichtsprachliche Wirkungsmittel des – 120 ff.
Sprachcodes der – 44 ff.
sprachliche Wirkungsmittel des – 70 ff.
sprechtechnische Wirkungsmittel des – 62 ff.
Verständlichkeit u. Wirksamkeit der Sprache des – 41 ff.
Rednerpult 205 ff.
Rednerpultlöwe 6
Redundanz 92 f.
Referat 159
Referent 18
Reihung der Argumente 103
Rhetor 13
Rhetorik
Definition der – 24
– in der Antike 13 f.
– und Kommunikation 13 ff.
rhetorische
– Figuren 83 ff.
– Frage 86 f.
– Kommunikation 15
Reiners, Ludwig 72 ff.
restringierter code 45 ff.
Rückkopplung 18, 127

S

Sätze, kurze 89 ff.
Satzanfänge, nominale 74
Satzbau 47, 88 ff.
Schachtelsätze 47, 88
Schicht
Mittel– 45 f.
Ober– 45
soziale – 45
Unter– 45 f.
Schichtung, soziale 45
Schichtungspyramide 45
Schiller 170

Schlagworte 96
Schluß, der Rede 184 ff.
Schneider, Wolf 73, 93
Schönredner 6
selektives Verstehen 55
Sender 16 ff.
Signal(e) 17
sinnverwandte Wörter 71 f.
sitzend/stehend reden 138 ff.
Sokrates 185
soziale(s)
– Angst 26 ff.
– Gruppen 44 ff.
– Lernen 31
Sozialisation 31, 50, 106
Soziolinguistik 44
Soziologie 45
Wissenschaft, Lehre vom Zusammenleben der Menschen in einer Gemeinschaft oder Gesellschaft, von den Erscheinungsformen, Entwicklungen u. Gesetzmäßigkeiten gesellschaftlichen Lebens.
Sprachcode 44 ff.
Sprache 17
Sprachhandlung 17 f.
Sprachwerkzeuge 17, 62
Sprechakt 17
Sprechausdrucksmittel 62 ff.
Sprechdenken 20 ff.
Sprecher 18
Sprechpausen 63 ff.
sprechtechnische Erziehung 63 f.
sprechtechnische Wirkungsmittel, des Redners 62 ff.
Sprechtempo 63 ff.
Sprichwort 85
Steckenbleiben, das 199 ff.
Stegreifrede 157, 162 f.
Stichwörter 24, 169 ff.
Stichwortmanuskript
Formate des – 187 ff.
Schreiben des – 187 ff.
– u. wörtliche Textpassagen 191
Stilebene 53
Stimmbildung 62
Stötzer, Ursula 157
Strauß, Franz Josef 86
Streckverben 74

Subjekt, logisches 48
Substantiv 73 f.
Substantivstil 74
Syllogismus 98 f.
Synekdoche 84
Synonyme 71 f.
Syntax 47
Synthese 184

T
Tätigkeitswort 74 ff.
Tageslichtprojektor 151 ff.
Tat, Aufforderung zur 185 f.
Tatform 75, 79
Tatziel 158
Telegrammstil 92 f., 113
Thema, Überschrift(en) 165 f.
These 6, 184
(bildungssprachlich): behauptend aufgestellter Satz, der als Ausgangspunkt für die weitere Argumentation dient.
Trauerrede 161 f.
Tucholsky, Kurt 89 f., 168, 186

U
Üben 7, 214 ff.
Überredung 14 f.
Überschrift(en), Thema 165 f.

Übersetzung, Merkmale in
Nutzen 113 ff.
Übungen 214 ff.
Überzeugungsrede 157 f.
Umstandswörter 47
Unterschicht 45 f.

V
Verb(en) 74 ff.
Vergangenheit, 1.–3. 75, 77
Verhältniswörter 47
Verhalten
Annäherungs– 33 ff.
Vermeidungs– 33 ff.
Vermeidungsverhalten 33 ff.
verschlüsseln 16
versprechen, sich 199 ff.
Verständigung 16, 44
Verständigungsbarrieren 81
Verstärkung 33
Verstehen
interpretierendes – 55 f.
projizierendes – 55
selektives – 55
Videorecorder 214 ff.
Vischer, Friedrich Theodor 69
Vokale 63
Vorbereitung d. freien Rede
Aufbau u. Gliederung 170 ff.
Checkliste zur – 197
Redestoff 169 f.
Stichwortmanuskript 187 ff.
Thema/Überschrift 165 f.
Vorbereitungsphasen 164 ff.
Vorlesung 159
Vortrag
Lehr– 159
Lichtbild– 154 f.
Sach– 159
Vortragender 18
Vorverständnis, der Hörer 53

W
Wahrheitsbeweis 98 ff.
Wahrscheinlichkeits-
beweis 100 f.
Wandtafel 148 f.
Wechselrede 201
Wehner, Herbert 203
Wettstein, Karl-Peter 67
Wir-Gefühl 116 f.
Wirklichkeitsform 75
Wirkungsmittel des Redners
nichtsprachliche – 120 ff.
sprachliche – 70 ff.
sprechtechnische – 62 ff.
Witz, Einleitung 178
Wörter
Binde– 47
Eigenschafts– 47, 80
Für– 47
Haupt– 73 f.
sinnverwandte– 71 f.
Sprich– 85
Tätigkeits– 74 ff.
Umstands– 47
Verhältnis– 47
Wohlwollen erlangen,
Einleitung 175 f.
Wortbedeutung,
unterschiedliche 54 f.
Wortschatz
aktiver – 70 ff.
passiver – 70 ff.
Wortschwall 92 f.
Wortvorrat 70
Würde-Seuche 78
Wunderlich, Dieter 47

Z
Zeichen 16 f.
Zettelkasten 170
Ziel der Rede 19 f., 165 ff.
Zitat(e) 85 f., 177, 190

Zonen, Distanz– 141 ff.
Zukunft, 1. u. 2. 75
Zwecksatz 158, 167
zweiseitige
Argumentation 101 ff.
Zwerchfellatmung 63
Zwiegespräch 18
Zwischenrufe(r) 201 ff.